北京银保监局　指导

北京市银行业协会　北京保险行业协会　编著

中国金融出版社

责任编辑：贾　真
责任校对：潘　洁
责任印制：陈晓川

图书在版编目（CIP）数据

金融伴我成长：老年人版 / 北京银保监局指导；北京市银行业协会，北京保
险行业协会编著.—北京：中国金融出版社，2022.11
ISBN 978 - 7 - 5220 - 1763 - 1

Ⅰ.①金…　Ⅱ.①北…　②北…　③北…　Ⅲ.①金融学 — 中老年读物
Ⅳ.①F830-49

中国版本图书馆CIP数据核字（2022）第 172130 号

金融伴我成长：老年人版
JINRONG BANWO CHENGZHANG：LAONIANREN BAN

出版
发行　中国金融出版社

社址　北京市丰台区益泽路2号
市场开发部　（010）66024766，63805472，63439533（传真）
网 上 书 店　www.cfph.cn
　　　　　　（010）66024766，63372837（传真）
读者服务部　（010）66070833，62568380
邮编　100071
经销　新华书店
印刷　河北松源印刷有限公司
尺寸　210毫米 × 285毫米
印张　9.75
字数　140千
版次　2022年11月第1版
印次　2024年10月第4次印刷
定价　39.80元
ISBN 978 - 7 - 5220 - 1763 - 1
如出现印装错误本社负责调换　联系电话（010）63263947

编委会

前　言

给老年金融消费者的一封信

　　有没有一瞬间，作为一名老年人，您在金融消费过程中感到过不便？……老花镜、轮椅、爱心专座等，为您提供有温度的适老化金融服务。

　　有没有一瞬间，对于手机能轻松办理的金融业务，您感到过无所适从？……超大字体、简化设计、远程视频等，助您乐享智能生活。

　　莫道桑榆晚，为霞尚满天。老年是人生命的重要阶段，是仍然可以有作为、有进步、有快乐的重要人生阶段。

　　当前，我国金融行业蓬勃发展、金融产品日益丰富、数字金融不断创新，促进了社会经济的增长，满足了人们的金融需求，提升了人们的生活品质。但同时，我国老龄人口数量快速增长，不少老年人跟不上金融领域的快速变革，也不会使用智能手机金融服务，面临金融知识相对匮乏、风险防范意识相对薄弱、"数字鸿沟"难以跨越等难题。如何在金融领域保护好老年消费者的合法权益，在为老年人提供高质量的金融产品和金融服务的同时，做好老年金融知识教育宣传，是全社会、监管部门和行业共同关注的焦点。

　　您有所呼，我有所应。近年来，北京银保监局致力于推动北京

银行业、保险业聚焦不同群体，着力做好金融知识分层教育，构建推出了"金融伴我成长"特色教育宣传品牌。为了让广大老年人跟上时代的步伐，针对老年人在金融方面的"急难愁盼"问题，由北京银保监局指导，北京市银行业协会、北京保险行业协会组织编写了《金融伴我成长（老年人版）》，献给辛苦了一辈子的老年人。本书用老年人看得懂、听得进、用得上的方式普及金融知识，传递金融关爱，力求突出以下三个特点：

一是广覆盖。聚焦老年人关切，系统性地介绍了金融机构、银行服务、保险保障、手机APP使用、科学投资、理性维权、北京特色、清廉家风等多方面内容，以场景化、生活化的独特视角将金融知识娓娓道来，置于手边，便于查找参考。本书既是一本专业书，又是一本工具书，帮助老年人全面、立体地认识身边的金融，解决遇到的金融难题。

二是更实用。贴近老年人需求，精心设计超大字体、配套视频，以可读、可看、可听的多元方式，让老年人身临其境地学习金融，轻松获取金融知识。附录融入生活所需实用金融知识，方便老年人快速查找、拿来使用，让金融知识变得"触手可得"。

三是易学习。着眼老年人困惑，理论与实践相结合，图文并茂、步骤清晰、通俗易懂地教老年人如何操作手机银行APP、手机保险APP，手把手帮助老年人跨越"数字鸿沟"，让老年人在数字化发展中同样拥有获得感、幸福感和安全感。

孝老爱亲，向上向善。让《金融伴我成长（老年人版）》成为您了解金融的一扇窗，帮助您积累金融知识，增强安全意识，提升自我价值，弘扬清廉家风，与您携手相伴，护航您的幸福晚年。

目　录

第一章　身边的金融机构

场景描述

　　小融的奶奶每天都看电视、看报纸，经常在电视财经栏目和报纸财经版面看到有关各种金融机构和金融产品的报道。这天，小融的奶奶和小融聊起了最近看到的一些金融报道。

　　【小融的奶奶】现在这个时代真是日新月异，像我们那个时代可没有这么多金融机构呀！

　　【小融】奶奶，现在我们国家的金融行业蓬勃发展，金融机构和金融产品的种类也越来越多，我来给您介绍一下吧！

第一节　身边的银行和保险公司

　　金融是实体经济的血脉，与每个人的生活息息相关。无论是办理存款、转账、领取养老金，还是购买国债、理财产品及配置保险产品等，都离不开金融。而提到金融机构，消费者经常接触的就是银行和保险公司了。接下来，让我们一同走进它们吧！

一、常见的银行有哪些

在各类金融机构中，银行是历史最悠久、业务范围最广泛、对社会经济生活影响面最大的一类，覆盖了社会生活和国民经济运行的各个方面。

我国的商业银行是依照《中华人民共和国商业银行法》《中华人民共和国公司法》设立的吸收公众存款、发放贷款、办理结算等业务的企业法人，遵循平等、自愿、公平和诚实信用的原则，与金融消费者进行储蓄、转账、外汇、贷款、理财等各类业务往来。

（一）国有大型商业银行

由国家（财政部、中央汇金公司）直接管控的大型商业银行，作为我国金融业的主力军、商业银行体系的主体，关乎国家的经济发展和金融稳定。国有大型商业银行包括中国工商银行、中国农业银行、中国银行、中国建设银行、交通银行和中国邮政储蓄银行。

（资料来源：根据各商业银行官方网站整理）

（二）股份制商业银行

股份制商业银行是我国银行的一种重要类型，已经成为银行体系中富有活力的生力军，是银行业乃至国民经济发展不可缺少的重要组成部分。目前，我国现有 12 家全国性股份制商业银行，分别是招商银行、浦发银行、中信银行、中国光大银行、华夏银行、中国民生银行、广发银行、兴业银行、平安银行、浙商银行、恒丰银行和渤海银行。

（资料来源：根据各商业银行官方网站整理）

（三）城市商业银行

城市商业银行是我国银行的重要组成和特殊群体，其前身是 20 世纪 80 年代设立的城市信用社。1998 年，从北京开始陆续出现了以城市名命名的商业银行。它们是由各城市原有的城市合作银行合并组建而成的城市商业银行，如北京银行、天津银行、上海银行、江苏银行和南京银行等，为地方经济及地方居民提供多样的金融服务。

（四）农村中小银行机构

农村中小银行机构是指农村商业银行、农村合作银行、农村信用社、村镇银行、

贷款公司、农村资金互助社，以及经中国银保监会批准设立的其他农村中小银行机构。近年来，农村中小银行机构作为农村金融强健的骨骼支撑，是我国农村金融的主要组成部分。常见的农村中小银行机构有北京农商银行、重庆农商银行、上海农商银行和广州农商银行等。

（五）外资银行

外资银行是指依照我国有关法律法规，经批准在中国境内设立的包括外商独资银行、中外合资银行、外国银行分行和外国银行代表处等机构，其特点是运用国外的银行经营管理理念，提供国际化的金融服务。目前，进驻国内的外资银行，大多是在国外比较有知名度，并且成功运营的大银行金融集团。常见的外资银行有汇丰银行、渣打银行、东亚银行、恒生银行、花旗银行和星展银行等。

（六）民营银行

自 2014 年 12 月我国首家民营银行开业以来，这一银行业的"新生力量"已走过多年的探索之路。目前，我国民营银行形成了各具特色的经营模式，有效弥补了小微金融服务短板，激发了金融市场活力。常见的民营银行有北京中关村银行、深圳前海微众银行、上海华瑞银行、浙江网商银行、温州民商银行和天津金城银行等。

二、常见的保险公司有哪些

保险公司是指依照《中华人民共和国保险法》《中华人民共和国公司法》设立的公

司法人，是经中国银保监会批准设立并依法登记注册的商业保险公司，业务范围包括人身保险业务、财产保险业务及国务院保险监督管理机构批准的与保险有关的其他业务。

常见的保险公司按照所承担风险的类型不同，分为人寿保险公司与健康保险公司、财产保险公司与责任保险公司；根据被保险人的不同，分为原保险公司、再保险公司。

（一）人寿保险公司与健康保险公司

人寿保险公司与健康保险公司为广大消费者提供各类以人的寿命和身体为保障对象的保险产品，如定期寿险、终身寿险、万能寿险、医疗费用保险、伤残收入保险、年金保险、团体人寿和健康保险与退休计划等。上述产品的功能主要是保护客户免受/减少经济损失、帮助客户为未来进行储蓄、帮助客户投资。常见公司有中国人

（资料来源：北京保险行业协会）

寿保险股份有限公司、中国人民保险集团股份有限公司、中国太平洋人寿保险股份有限公司、中国平安人寿保险股份有限公司、太平人寿保险有限公司、泰康人寿保险股份有限公司等。

（二）财产保险公司与责任保险公司

财产保险公司与责任保险公司主要为消费者的财产及其有关利益提供保障，产品包括海上保险、货物运输保险、火灾保险、运输工具保险、工程保险、农业保险、各类责任保险等。上述产品的主要功能是帮助投保人转移风险、减少损失。常见公司有中国人民财产保险股份有限公司、中国平安财产保险股份有限公司、中国太平洋财产保险股份有限公司、中国人寿财产保险股份有限公司、太平财产保险有限公司、

（资料来源：北京保险行业协会）

泰康在线财产保险股份有限公司等。

（三）再保险公司

再保险公司是经营再保险业务的商业组织机构。再保险公司与消费者无直接关系，只对原保险的保险公司负责。首家由国家外汇注资整体改制的国有再保险集团公司——中国再保险（集团）股份有限公司源于 1949 年 10 月成立的中国人民保险公司，2007 年 10 月整体改制为股份有限公司。

第二节 常见的其他金融机构

除银行和保险机构外，还有很多重要的其他金融机构，如银行理财子公司、汽车金融公司、消费金融公司、证券公司、基金公司和信托公司等，共同丰富着消费者的金融生活。

一、银行理财子公司

银行理财子公司是指商业银行经中国银保监会批准，在中国境内设立的主要从事理财业务的非银行金融机构。开展理财业务时，银行理财子公司接受投资者委托，按照与投资者事先约定的投资策略、风险承担和收益分配方式，对受托的投资者财产进行投资和管理。常见的银行理财子公司有工银理财有限责任公司、建信理财有限责任公司和中银理财有限责任公司等，消费者可以在银行选购代销的银行理财子公司产品。

（资料来源：根据各银行理财子公司官方网站整理）

场景描述

【小京的爷爷】经理，我最近要买理财产品，为什么现在很多都标注着"X银理财"，而且还写着"代销"两个字呢？

【银行经理】《商业银行理财业务监督管理办法》规定，商业银行应当通过具有独立法人地位的子公司开展理财业务。刚刚您提到的就是银行理财子公司的产品，对于银行来说，就是代销。代销理财不只是销售银行自家理财子公司的产品，还有其他理财子公司更丰富的产品供您选择。

二、汽车金融公司

汽车金融公司是指经中国银保监会批准设立的，为中国境内的汽车购买者及销售者提供金融服务的非银行金融机构。[①] 它们提供了与汽车消费有关的大量金融业务，如新车贷款、二手车贷款、融资租赁等服务，涉及汽车消费的方方面面。常见的汽车金融公司有梅赛德斯—奔驰汽车金融有限公司、宝马汽车金融（中国）有限公司、大众汽车金融（中国）有限公司和比亚迪汽车金融有限公司等。

---

① 《汽车金融公司管理办法》（中国银行业监督管理委员会令2008年第1号）。

三、消费金融公司

消费金融公司是指经中国银保监会批准，在中国境内设立的，不吸收公众存款，以小额、分散为原则，为中国境内居民个人提供以消费为目的的贷款的非银行金融机构。[①] 消费金融公司提供的信用消费贷款、抵押消费贷款等产品，具有审批速度快、服务方式灵活等优势。常见的消费金融公司有招联消费金融有限公司、捷信消费金融有限公司和北银消费金融有限公司等。

（资料来源：根据各消费金融公司官方网站整理）

四、证券公司

证券公司是指依照《中华人民共和国公司法》《中华人民共和国证券法》的规定设立并经中国证监会审查批准而成立的专门经营证券业务，具有独立法人地位的有限责任公司或者股份有限公司，为消费者提供证券投资咨询、证券交易、资产管理等服务，常见的证券公司有中信证券股份有限公司、中国国际金融股份有限公司、中信建投证券股份有限公司和国泰君安股份有限公司等。

五、基金公司

基金公司的全称为证券投资基金管理公司，是指经中国证监会批准，在中国境

[①] 《消费金融公司试点管理办法》（中国银行业监督管理委员会令2013年第2号）。

内设立，从事证券投资基金管理业务和中国证监会许可的其他业务的企业法人。[①] 基金公司通过发行基金单位，集中投资者的资金，由基金托管人（具有资格的银行）托管，由基金管理人（基金公司）管理和运用资金，从事股票、债券等金融工具投资，共担投资风险、分享收益。目前，发行基金、管理基金和销售基金是消费者认识较多的基金业务，能够满足不同消费者的投资需要。常见的基金公司有易方达基金管理有限公司、华夏基金管理有限公司和嘉实基金管理有限公司等。

六、信托公司

信托公司是指依照《中华人民共和国公司法》《信托公司管理办法》设立的主要经营信托业务的金融机构。[②] 经批准的信托公司，可以经营包括资金信托、动产信托、不动产信托和其他财产信托在内的四大类信托业务。消费者常见的信托公司业务有家族信托（如养老保障特殊目的家族信托——养老信托）、投资信托等，成为财富管理的积极补充。常见的信托公司有中信信托有限责任公司、平安信托有限责任公司和中诚信托有限责任公司等。

第三节　如何辨别正规金融机构

小融给她的奶奶简单介绍完这些金融机构的情况后，还不忘提醒奶奶，无论办理什么金融业务，务必要选择合法正规的金融机构，切勿相信没有资质的机构，避免资金蒙受损失。

---

① 《证券投资基金管理公司管理办法》（中国证券监督管理委员会令 2012 年第 84 号）。

② 《信托公司管理办法》（中国银行业监督管理委员会令 2007 年第 2 号）。

一、为什么要选择正规金融机构

随着社会经济水平的不断提高，消费者对各类金融产品和服务的需求越来越旺盛，但是一直以来，各种理财平台破产、骗子公司卷款跑路、"套路贷"引人落入深渊的新闻层出不穷，无数金融消费者一夜之间血本无归。

案例与提示

❯ 一个非法金融机构的大门，贴着"高收益""保证零风险"的广告，有位销售员正在向老人推销虚假金融产品。

【销售员】叔叔来我们这看看吧！最安全的理财产品，小投入，大回报！

【老人1】小伙子真热情，看公司也挺气派，我就投10万元吧。

几个月后，非法金融机构卷款跑路，望着空空如也、大门紧锁的非法公司，门口维权的老人互相诉苦。

【老人1】我的10万元，就这么打水漂了。

【老人2】骗子太可恨了，原来都说得漂亮。

【老人3】以前孩子提醒过，要警惕非法金融机构，一不留神还是被骗了。

在这些负面事件的背后，往往都是非持牌公司、非法互联网金融平台等非法金融机构违法违规开展资产管理、投资理财、个人信贷等金融业务，用各种名目的非法金融产品和非法金融服务，骗取广大消费者的财产。因此，选择经金融监管部门批准设立并在监管框架下开展业务的正规金融机构，是消费者保护自身合法权益的重中之重。

二、如何科学辨别正规金融机构

我国的银行、保险公司、证券公司、基金公司、信托公司等金融机构都是经监管部门依法批准设立的。如果遇到陌生的金融机构，消费者可以登录监管部门官方网站（如中国银保监会许可证信息查询网站 https：//xkz.cbirc.gov.cn/、中国证监会资本市场电子化信息披露平台 http：//eid.csrc.gov.cn/ 等），查询相应的金融机构设立许可信息。

小京的爷爷看到小区附近新开了一家没见过的银行，便有意识地记录下银行名称，回家后登录中国银保监会许可证信息查询网站进行确认。在看到该银行

金融许可证后，小京的爷爷放心了，打算去该银行了解存款利息。

【小京的爷爷（站在 XX 银行门口）】小区门口开了一家新银行，名字之前没听说过？为了稳妥，还是查一查是不是正规的吧。

看到电脑里有着明确金融许可信息后：

【小京的爷爷（坐在电脑前，内心更放心）】看来这家银行是正规的，这下可以放心了，一会儿去问问存款利息。

 银行小课堂

"三看"巧辨正规金融机构

一看联系方式与经营场所。正规金融机构会有固定的经营场所和联系方式，并非只有一个简单的网站，甚至是只有一个微信号、QQ 号或一串手机号码。

二看前期费用和贷款利率。以贷款服务为例，正规金融机构收费公开透明，在正式放款前不会以手续费、保证费、押金等名目向消费者收取任何费用，同时，也不会发布"无门槛""无利息"等不符合一般市场规律的贷款产品和营销广告。

三看受理区域与营业执照。正规金融机构一般只办理当地业务，这有利于控制信贷风险，而非正规金融机构一般会声称"可办理全国业务"，这是它们异地行骗的一种手段。正规金融机构会在当地市场监管部门注册，消费者可以登录当地市场监管部门网站查看是否已经注册。

金融机构面面谈

第二章　乐享银行服务

第一节　保护好手中的银行卡

一、如何科学使用银行卡

（一）什么是借记卡

借记卡是指银行发行的一种要求先存款后消费（或取现），没有透支功能的银行卡。借记卡具有转账结算、存取现金和刷卡消费等功能，它还支持基金买卖、外汇买卖和日常缴费等业务的办理。根据开户申请人身份信息核验方式和风险等级，个人银行结算账户分为三类，详细分类如表 2-1 所示。

表2-1　个人银行结算账户分类

	Ⅰ类银行账户	Ⅱ类银行账户	Ⅲ类银行账户
功能	可以办理存款、转账、消费缴费、购买投资理财产品、支取现金等业务，使用范围不限	可以办理存款、购买投资理财产品等金融产品	不可用于存取现金，而且其消费和缴费都有限额，因此主要用于金额不大、频次较高的交易
使用限额	实质上就是存折或银行卡，无交易额度限制	使用额度是有限制的，其单日交易限额为 1 万元，年累计交易限额为 20 万元	仅能用于小额消费和缴费支付，其账户余额最高不超过 2000 元，单日进出账不超过 2000 元，年累计进出账不超过 5 万元
账户类型	有实体卡，为卡片或者存折	包括实体卡和电子账户两种形式	只有电子账户一种形式

续表

	Ⅰ类银行账户	Ⅱ类银行账户	Ⅲ类银行账户
开户渠道	可以在银行柜面开立，或者通过远程视频柜员机和智能柜员机等自助机具办理开户申请，银行工作人员现场核验开户申请人身份信息的，可以开立Ⅰ类银行账户	可通过银行柜面、远程视频柜员机和智能柜员机等自助机具，以及网上银行和手机银行等电子渠道开立，但要绑定本人Ⅰ类银行账户或者信用卡账户等可靠方式进行身份验证	
可开账户数量	只能办理1个账户	一家银行的Ⅱ类、Ⅲ类银行账户各不能超过5个	
突出特点	安全性极高、交易资金量大	使用便捷，交易资金较小	主要适用于小额的快捷移动支付

（二）什么是信用卡

信用卡是指发卡银行给予持卡人一定的信用额度，持卡人可在信用额度内先消费、后还款的银行卡，信用卡额度实际上是贷款额度。[①]

（三）如何使用银行卡

银行小课堂

• 如何办理和使用银行卡 •

广大消费者应通过银行正规渠道申办、领用银行卡。在办卡过程中，请详细了解银行卡章程及领用合约、计费标准，充分了解计结息规则、账单日期、年费/违约金收取方式等银行卡相关信息，如实递交个人材料，通过正规渠道办理银行卡。办卡申请递交后，请及时跟进办卡进度，对银行寄出的卡片进行地

---

① 中国银行业监督管理委员会，公众教育服务中心.银行业金融知识读本老年篇[M].北京：中国金融出版社，2016.

址核对。收到卡片后，请检查信封是否完好，一旦有拆封痕迹立即与发卡银行联系。

同时，消费者应尽量设置卡片限额，控制支付盗用风险，并开通银行卡短信、微信或其他渠道提醒功能，一旦银行卡账户内余额变动非本人操作，应立刻联系银行冻结挂失此卡片，并采取后续措施，尽可能减少盗刷损失。

（四）转账风险要警惕

> **案例介绍**：某日，小京的爷爷急匆匆来到银行网点，神情非常焦虑，称需要汇款用于赔偿别人的医药费。原来，小京的爷爷接到一个电话，对方自称公安局人员，称其在外地上学的"外孙"与他人发生打斗，致使对方受伤，现被扣留在派出所，需赔偿9万元医药费，要求老人抓紧时间汇款。

听闻至此，大堂经理耐心解释劝阻，请老人务必与家人电话核实。经联系得知，老人的外孙并未与别人发生争执，确认小京的爷爷遭遇了电信诈骗。

> ❯ **骗术揭秘**：近年来，冒充家人、朋友、领导、公检法机关的"假冒身份"电信网络诈骗屡见不鲜。不法分子将魔爪伸向了缺乏防范意识的老年人群，利用老年人关爱子孙心切的特点，编造"住院手术""打架受伤""绑架""车祸"等骗局，对老年人实施资金诈骗。
>
> ❯ **风险提示**：接到可疑电话或短信时，切勿轻信盲从，务必第一时间与家人核实确认。对于要求进行转账、汇款操作的，更要加以警惕，谨防诈骗！

二、怎样安全保管银行卡

（一）怎样保管银行卡

银行卡作为消费者最常用的金融工具，在发挥金融功能的同时也被一些不法分子利用，因此，消费者在使用银行卡的同时，也要注意银行卡的保管，谨防被不法分子利用。

1.保管好银行卡及个人信息

不要将银行卡出租、转借和出售他人，不透露卡片信息，如卡号、有效期及 cvv 码（cvv 码大多数被印刷在卡背面的签名条尾部，也有印在卡正面的情况，常见的 cvv 码有 3 位数和 4 位数两种）。不要回复要求提供卡号的可疑邮件及短信。

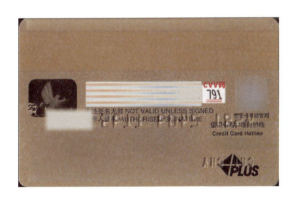

2.设置消费限额

通过银行网点或者手机银行等渠道设置银行卡每次交易限额和每日消费次数。

3. 及时核对账单信息

刷卡消费后，及时核对账单信息，在账单签字时还要留意签字单据是否有重叠多份。

4. 开通短信通知服务

开通短信通知服务，以便随时掌握银行卡账户资金变动的情况。

（二）银行卡丢失后如何处理

为了保证用卡安全，请妥善保管银行卡，尽量避免将卡片交给他人使用。如不慎丢失银行卡，请立即拨打银行的人工客户服务电话或通过手机银行等其他渠道进行临时挂失，以保证账户资金安全。

> **小贴士**：请勿出租、出借、出售银行卡给他人使用。出租、出借、出售银行卡属于违法行为，如被用于洗钱或从事其他非法交易活动，即便是在银行卡本人毫不知情的情况下，也可能承担连带责任。同时，请谨慎提供卡号给他人，不要在公共设备上留下卡号等信息。认真核对消费账单，并妥善保管或及时销毁对账单、签购单等凭证。在银行卡补发新卡时，应当将旧卡剪毁。

信用卡被盗刷该怎么办

信用卡作为重要的金融工具，在日常生活中使用便捷，满足支付、消费和分期等需要，但却被一些不法分子利用，存在安全隐患。一旦信用卡被盗刷，三项措施要牢记。

◎ **及时冻结或挂失。**发现信用卡被盗刷后，要第一时间致电发卡银行官方客服电话，告知异常交易，及时冻结账户或挂失卡片。若涉及第三方支付平台，需立即电话联系控制款项划出。

◎ **立即向公安机关报案。**保留受案回执。详述被盗刷情况，证明信用卡仍由自己保管，盗刷消费非本人所为。部分支付机构需持卡人提供受案回执作为否认交易的证明材料。

◎ **固定证据。**立即到就近的 ATM 或 POS 机上进行一笔刷卡交易，证明卡片在自己身上未丢失，固定电子证据证明人卡未分离。如果卡片已经冻结或挂失，刷卡不会成功，通过 ATM 交易时卡片可能会被吞卡，请不要惊慌，按银行相关规定进行后续处理即可。后续可以联系发卡银行办理异议交易申请及相关手续等。

以上是应对信用卡被盗刷的有效做法，但为了避免财产损失，请消费者一定谨记，在刷卡时不要让卡片离开自己的视线，时刻保持警惕，不要将卡片和密码轻易交给他人。

三、设置银行卡密码需要注意什么

（一）如何设置银行卡密码

银行卡密码为 6 位数字，在设置或修改时需注意，要设置易于记忆的密码，以防

请您设置一个卡密码，不要过于简单哦！

因遗忘带来不必要的麻烦。同时，为了保证用卡安全，请避免将密码泄露给其他人，并且尽量不要将密码设置为自己的生日、123456、111111等简单数字，以防产生风险。

在使用信用卡时，还要注意妥善保管卡号、有效期、卡片背面签名栏数字信息等卡片信息。在任何消费场景下，都要注重密码安全、支付安全，切勿轻信他人，不要轻易透露卡片信息、个人信息。在使用POS机刷卡的过程中不要让卡片离开自己的视线，操作ATM时注意是否有异常，输入密码时注意遮挡。在网购时，要使用安全的网站，保存消费记录，定时检查对账单，保护好个人信息，不要将银行卡号、密码、有效期等信息透露给他人。

（二）忘记银行卡密码怎么办

如果不慎将银行卡密码忘记，可以本人持有效身份证件，前往银行网点办理密码挂失或重置业务，银行工作人员会仔细审核消费者的身份，待确认无误后继续办理业务。届时，消费者可以重新设置一个新的银行卡密码，旧的密码也会同时作废。部分信用卡密码可通过电话银行等渠道在线上进行重置，具体操作可拨打各银行客服电话进行咨询。

第二节　银行业务知多少

一、储蓄存款

储蓄存款是指个人客户在商业银行开立账户并存入资金，由商业银行出具存款凭证，个人客户凭存款凭证可以支取本金和利息的存款。[1]

（一）储蓄存款有哪些类型

储蓄存款按期限可分为活期存款和定期存款。活期存款是一种个人客户可以随时存取、存期不受限制的存款业务。定期存款是指个人客户与银行约定存款期限，

---

[1] 巴曙松.老龄金融[M].北京：商务印书馆，2021.

20

将暂时闲置的资金存入银行，存款到期支取时银行按存入日约定的利率计付利息的一种存款。储蓄存款业务按币种还可以分为人民币存款和外币存款。

目前，银行开办的外币存款业务支持币种主要有美元、欧元、日元、港元、英镑、澳大利亚元、加拿大元、瑞士法郎、新加坡元等。外币存款与人民币存款有相似之处，外币存款按存期也分为活期存款和定期存款。外币存款常见类型包括活期存款、通知存款、定活两便存款、整存整取定期存款。[①]

人民币储蓄存款和外币储蓄存款的类型如表 2-2、表 2-3 所示。

表2-2　人民币储蓄存款的类型

序号	类型	存款期限	存款特点	灵活性	收益性
1	活期存款	—	可以随时存取，存取金额不受限制	★★★★★	★
2	通知存款	1天、7天	存款不约定存期；支取须提前通知，约定支取存款日期和金额方能支取	★★★	★★
3	定活两便	—	不事先约定存款期限，可自行选择支取时间	★★★★	★★
4	存本取息定期	1年、3年、5年	本金一次存入，分次支取利息，支取利息的期次可约定为1个月或几个月一次；按本金和约定存期计算分次应付利息，分期支取利息，到期支取本金	★★	★★★
5	零存整取定期	1年、3年、5年	约定存期和固定金额，本金分次存入，到期一次支取本金和利息	★★	★★★
6	教育储蓄	1年、3年、6年	教育储蓄是指客户为其子女接受全日制非义务教育积蓄资金而开办的一种储蓄存款，享受利率优惠	★★★	★★★★
7	整存整取定期	3个月、6个月、1年、2年、3年、5年	约定存期和固定金额本金存入，到期支取本金和利息，也可约定到期自动转存	★★	★★★★

[①] 巴曙松.老龄金融[M].北京：商务印书馆，2021.

序号	类型	存款期限	存款特点	灵活性	收益性
8	大额存单	1个月、3个月、6个月、1年、2年、3年、5年	大额存单可以转让，起存金额不低于20万元，本金一次存入，根据产品不同，可选择不同的利息支付方式（到期一次还本付息、按月付息）	★	★★★★★

说明：定期储蓄存款提前支取按活期支付利息。

资料来源：巴曙松.老龄金融[M].北京：商务印书馆，2021.

表2-3　外币储蓄存款的类型

序号	类型	存款期限	存款特点
1	活期存款	—	美元、欧元、日元、港元、英镑、澳大利亚元、加拿大元、瑞士法郎、新加坡元等多个币种
2	通知存款	7天	美元、欧元、日元、港元、英镑、澳大利亚元、加拿大元、瑞士法郎、新加坡元
3	定活两便	—	
4	整存整取定期	1个月、3个月、6个月、1年、2年	

说明：各家银行支持的外币存款币种有所不同，具体以业务办理银行规定为准。

资料来源：巴曙松.老龄金融[M].北京：商务印书馆，2021.

（二）如何计算存款利息

定期存款的利息如何计算

小融的奶奶半年前在某家银行存入2万元一年期定期存款，半年时急用需取出1万元。假设该行一年期定期存款年利率为1.50%，活期存款年利率为

0.35％，那么小融的奶奶在半年时提前支取 1 万元与全额支取 2 万元的利息有什么区别呢？

半年时提前支取 1 万元，一年到期后可获得的总利息：

10000x0.35％÷360x180+10000x1.50％＝167.50（元）

半年时全额支取 2 万元可获得的利息：

20000x0.35％÷360x180＝35（元）

可见，提前部分支取比全额支取要多收入 132.50 元的利息。消费者平时可选择定期存款产品，需要时部分支取，以得到最大化利息收入。需要注意的是，部分支取是有次数限制的。

（注：本例中币种均为人民币，利率为中国人民银行 2015 年 12 月 24 日发布的金融机构人民币存款基准利率）

❯ **小贴士**：消费者可以携带借记卡、存折等存款凭证，在银行网点办理现金存取款业务。如果现金存取款金额超过 5 万元（含）人民币时，需要携带本人有效身份证件前往网点办理业务。对于金额更高的大额取现业务，银行工作人员通常会进行进一步的身份核实，以保证资金安全。

二、国债

（一）国债有哪些类型

国债由国家财政信誉做担保，安全等级是所有理财工具中最高的，而收益性因其安全等级高而有所降低。在日常业务中，消费者一般能购买到的国债分为储蓄国债（凭证式）、储蓄国债（电子式）两类，二者的不同如表 2-4 所示。

表2-4 储蓄国债（凭证式）和储蓄国债（电子式）的异同

名称	购买手续和渠道不同	购买情况记录方式及凭证不同	起息日不同	付息周期和方式不同	到期兑付方式不同
储蓄国债（凭证式）	在储蓄国债承销团成员营业网点使用现金或银行存款购买	以纸质的中华人民共和国储蓄国债（凭证式）收款凭证作为个人购买情况记录凭证	从个人购买当日起息	到期一次还本付息，利息在个人办理兑付时支付，逾期兑付不加计利息	到期后，个人须凭有效身份证件和中华人民共和国储蓄国债（凭证式）收款凭证，在储蓄国债承销团成员营业网点办理兑付。若凭证丢失，可在营业网点办理挂失
储蓄国债（电子式）	在首次购买前，个人须先携带身份证在网点开立个人国债账户并指定银行人民币结算账户（一般为储蓄卡）为对应资金账户，再以资金账户内银行存款在储蓄国债承销团成员营业网点或个人手机银行购买	采用电子记账方式在个人国债账户内记录购买情况，没有纸质凭证	从发行期开始日起息	按年付息	到期时，本金和最后一次利息直接转入个人原购买的银行人民币结算账户

资料来源：巴曙松.老龄金融[M].北京：商务印书馆，2021.

（二）购买国债需要注意什么

> ❯ **小贴士**：凭证式和电子式国债的办理流程不尽相同，每期国债发行前，银行会提前对外公示本期国债的发行形式，消费者应提前了解，以免影响业务办理。凭证式国债无自动转存功能，且到期后无活期计息。购买电子式国债需提前准备好个人活期结算账户（借记卡/活期一本通存折/活期人民币结算账户存折），可足不出户实现业务办理，快捷高效。

三、银行理财

银行理财产品是由银行设计并发行，然后将筹集到的资金，根据产品合同约定，投入金融市场和购买金融产品，获取投资收益后，再根据合同约定进行收益分配的一种金融产品。[①] 银行理财产品在风险性、安全性、期限安排等方面与存款都有较大的不同。银行理财产品的分类如表 2-5 所示。

表2-5 银行理财产品的分类

分类	产品名称
按币种不同	人民币理财产品、外币理财产品
按投资方向不同	现金管理类理财产品、固定收益类理财产品、混合类理财产品、权益类理财产品
按产品到期日不同	固定到期日理财产品、无固定到期日理财产品

小贴士：当前理财均为非保本的理财产品，理财非存款，产品有风险，投资须谨慎。在投资金融产品之前，应通过正规途径对理财产品收益率进行大致了解，对于明显高于一般水平的收益承诺要提高警惕，找到适合自己风险承受能力的产品，避免片面追求高收益而忽视风险。

请根据您的风险承受能力，选择相适应的产品。

XX理财

---

① 中国银行业监督管理委员会，公众教育服务中心．银行业金融知识读本老年篇 [M].北京：中国金融出版社，2016.

（一）资管新规落地，"刚性兑付"被打破

资管新规落地对消费者的影响

2018 年 4 月 27 日，中国人民银行、中国银保监会、中国证监会、国家外汇管理局四大部委联合印发《关于规范金融机构资产管理业务的指导意见》（以下简称资管新规），从 2022 年 1 月 1 日起正式实施。资管新规与消费者利益最切身相关的就是打破"刚性兑付"，理财产品不再保本保收益，投资者要自负盈亏了。那么消费者应该注意些什么呢？

1. 什么是"刚性兑付"

"刚性兑付"即通常所称的保本保息、保本保收益。保本是指金融消费者购买的理财产品到期后，金融机构必须保证返还金融消费者的本金；在此基础上的保本保息、保本保收益是指在保证返还本金的基础上，还能保证向金融消费者返还承诺的收益。

2. 为什么要打破"刚性兑付"

从根本上打破"刚性兑付"，需要让投资者在明晰风险、尽享收益的基础上自担风险，而明晰风险的一个重要基础就是产品的净值化管理。要推动预期收益型产品向净值型产品转型，真正实现"卖者尽责、买者自负"，回归资管业务的本源。

3. 对老年消费者有什么启示

老年消费者要充分认识投资风险，树立理性投资观念，在投资之前要对产品或服务做充分了解，摆正投资心态，理性认识市场，投资量力而行。警惕宣扬"保本高收益"的金融诈骗，要记住投资是有风险的，别受高收益诱惑而冲动投资。

（二）养老理财来了，我们应注意什么

了解什么是养老理财

2021 年 9 月 15 日，中国银保监会发布了《关于开展养老理财产品试点的通知》。自试点启动以来，市场反应积极，在丰富商业养老金融产品、满足人民群众多样化养老需求等方面发挥了积极作用。

1. 养老理财产品的主要特点

养老理财产品的主要特点包括长期性、普惠性、稳定性。

2. 养老理财产品的优势

养老理财产品的优势有以下几个方面：一是准入门槛低，大多 1 元即可认购；二是产品普遍没有认购费率，仅仅收取托管费和管理费，部分产品甚至没有管理费；三是大多数养老理财产品设置业绩基准相对较高，普遍在 4.5% ~ 8%，得益于其实行较长期投资策略、管理费率比较低等多方面原因；四是产品往往设置一些提前赎回机制、定投机制，提供了必要的流动性。

3. 试点地区及机构有哪些

2022 年 3 月 1 日，养老理财产品试点范围由"四地四机构"扩展为"十地十机构"，具体如表 2-6 所示。

表2-6　养老理财产品试点范围"十地十机构"

试点名称	试点范围
十地	北京、沈阳、长春、上海、武汉 广州、重庆、成都、青岛、深圳
十机构	工银理财有限责任公司、建信理财有限责任公司 交银理财有限责任公司、中银理财有限责任公司 农银理财有限责任公司、中邮理财有限责任公司 光大理财有限责任公司、招银理财有限责任公司 兴银理财有限责任公司、信银理财有限责任公司

> ▶ **小贴士**：虽然养老理财产品有诸多优势，但消费者也不能"闭着眼"买。目前养老理财仍处于试点期，建议投资者在充分了解产品详细信息及评估自身风险承受能力后，选择适合自己的产品。

四、基金

基金是基金管理公司设计、发行的一种金融产品，通过发售基金，汇集众多资金，由基金管理公司的专业理财人员投资于股票和债券等证券，以实现保值增值目的的一种投资工具。[1]

（一）基金产品有哪些类型

基金产品的分类如表 2-7 所示。

表2-7 基金产品的分类

分类标准	产品名称
根据募集方式不同	公募基金、私募基金
根据运作方式不同	开放式基金、封闭式基金（银行只代销开放式基金）
根据投资对象的不同	股票基金、债券基金、混合基金、货币市场基金等
根据交易地点的不同	场内基金、场外基金
根据投资管理方式的不同	主动型基金、被动（指数型）基金
根据投资目标风格的不同	成长型基金、价值型基金、平衡型基金

（二）购买基金产品需要注意什么

> ▶ **小贴士**：基金投资收益与风险的高低由基金投资对象决定。根据投资对象的不同，基金的收益与风险水平也不同。按照预期风险和预期收益由低到高排序，分别是：货币市场基金、债券型基金、混合型基金、股票型基金。投资者应选择适配产品谨慎投资，购买前应详细阅读基金合同、招募说明书、产品资料概要等相关文件。

---

[1] 中国银行业监督管理委员会，公众教育服务中心.银行业金融知识读本老年篇[M].北京：中国金融出版社，2016.

五、信托产品

信托产品从金融视角来看，是建立在信托制度上，为投资者提供与自身风险偏好相匹配的金融理财产品。[①] 信托产品在设计上非常多样，不同的标准对应着不同的分类方式，一般可以从资金投向、信托功能、信托公司职能、资金来源等几个维度进行分类。

（一）信托产品有哪些类型

信托产品的分类如表 2-8 所示。

表2-8　信托产品的分类

分类标准	产品名称
按资金投向	基础产品类信托、证券投资类信托、消费金融类信托、家族信托、公益信托等
按信托功能	投资类信托、融资类信托、事务管理类信托
按信托公司职能	主动管理型信托、被动管理型信托
按资金来源	资金信托、财产信托
按信托公司金融职能	投资银行类信托、资产管理类信托、财富管理类信托、服务类信托等

投资者可以通过购买不同标的和策略的资金信托产品，实现资产配置分散风险。

（二）购买信托产品需要注意什么

> ● **小贴士**：信托产品是由信托公司发行的，银行仅是一种代销渠道。信托并非保本保息的产品，信托公司不得以任何方式向投资者承诺本金不受损失或者承诺最低收益。投资者购买前应认真阅读并理解所有的信托文件，知悉资金信托的风险收益特征和风险等级，并愿意依法承担相应的法律责任和信托投资风险，谨慎投资。

---

① 巴曙松.老龄金融[M].北京：商务印书馆，2021.

第三节　银行适老化服务有心意

一、网点全面适老化改造

近年来，我国老龄人口逐步增加，老年人群的金融需求也越来越受到重视，各银行机构对营业网点进行全面适老化改造。例如，增设无障碍坡道，配备爱心座椅、老花镜、轮椅、小药箱等，方便老年客户使用；优化老年人办理业务路线，开辟集中业务交易办理区，减少老年客户往返；提供陪同式服务，辅导老年人进行自助机具和手机银行操作。

部分机构还增设了便携式智能柜台、坐式智慧柜员机等设备，支持银行服务人员为老年客户提供更便捷、更贴心的服务，大幅提高老年客户的金融服务体验。

二、上门服务有温度

若消费者或家人确有业务办理需求，但存在身体不便等情况无法前往银行网点现场办理业务（如代办正式挂失、撤销挂失、解除挂失、更换存单／存折、存折补磁、大额支取、提前支取、借记卡换卡、领卡激活等业务），请及时向就近银行网点或开户行说明。大部分银行机构出于对老年客户的关爱，在依法合规、风险可控的前提下，会为老年客户特事特办、急事急办，提供上门服务，让金融服务更有温度。

三、客服电话自动识别老年客户

目前，大部分银行都对本机构的客户服务系统进行了适老化改造，如为老年人设置一键转入或直接语音转入人工服务、设置专属客服座席等。部分银行客服系统还可在通过来电号码等信息识别出客户为老年人后，直接转入人工座席为老年客户提供专属服务。

四、手机银行、视频客服再升级

（一）手机银行大字版

针对老年客户，大部分银行机构已经推出了手机银行"大字版"功能，放大或

加粗字体，精简页面，入口醒目，便于老年客户使用。

　　部分银行的手机银行 APP 还提供了常用功能、生活缴费和品质生活等服务，不仅能够查询权益、积分、奖品、资产、收支等信息，还从衣、食、住、行、娱、情、学等方面为老年客户提供全方面优质服务。

（二）远程视频客服

为升级"非接触式"金融服务渠道，部分银行推出了远程视频客服服务。客户可通过手机银行等线上渠道发起与远程座席的音频、视频通话，由远程座席在线提供咨询解答、业务办理等服务。

远程视频客服充分运用金融科技优势，通过线上化"非接触式"金融服务满足广大居民在家办理银行业务的需求，让消费者足不出户解决大额转账、密码服务、定期存款、业务咨询、意见投诉等方面紧急业务诉求，多渠道主动为客户解决问题。

关爱手册之理财
实操攻略

有温度的金融服务
护航幸福晚年

暖心金融
守护活力夕阳红

第三章　安享保险保障

第一节　有风险就有保险

一、老年人面临的潜在风险有哪些

在生活中，随着年龄增长，老年人面临的潜在风险日渐凸显。世界卫生组织有关跌伤方面的专题实况报道显示，老年人跌倒，轻者会引起活动受限、功能受损，重者将直接造成伤残甚至死亡。同时，老年人是心脑血管疾病、糖尿病、关节炎等慢性疾病的高发群体，给患者生理和心理造成很大伤害，已经成为我国老年人群疾病负担的主要原因。

疫情、意外、疾病等祸福无法预知，风险就在身边。

二、保险是如何应对风险的

保险不仅是一份保障，更是应对风险的重要手段。

（一）风险转嫁

1. 什么是风险转嫁

通过合同或非合同的方式将风险转嫁给另一个人或单位的一种风险处理方式。其中一种有效手段就是将风险及其可能造成的损失，全部或部分转移给保险公司。

2. 为什么要做好风险转嫁

保险就是风险转嫁的一种手段，可以弥补因疾病、事故、医疗、养老等带来的经济损失，做好风险转嫁在人们的日常生活中是十分有必要的。

（二）经济补偿

1. 什么是保险的经济补偿

在保险标的遭受损失后，保险人向被保险人提供责任范围内的经济补偿，使被保险人因保险事故发生造成的损害降到最低，使其恢复到损失前所处的经济状况。

2. 保险是如何进行经济补偿的

案例与提示 💡

小京的爷爷早晨出门买菜意外摔倒并造成右腿骨折，小京立即拨打电话等候救护车将爷爷送至附近的三甲医院，后经医院诊断需要住院治疗，两周后小京爷爷出院。

幸运的是，小京在上一年为爷爷购买了意外保险和意外医疗保险。小京在向保险公司报案后，得到专属客服的理赔操作指导，提交了相关材料。保险公司经过调查和审核后，确认小京爷爷的情况属实，于是迅速结案，理赔款也及时汇入账户。

由于意外住院，小京申请医疗垫付缓解了资金压力，能够让爷爷在第一时间专心接受治疗（就医绿色通道）。

本次保险公司理赔"救护车车费保险金"1000元。

在小京为爷爷购买的保险中，意外住院津贴50元/日，本次小京的爷爷住院12天，意外住院津贴共600元。

小京的爷爷本次住院医疗总费用约为2.4万元，其中社保报销约为9000元，需个人承担费用（自费）约为1.5万元。保险公司将个人承担部分按80%赔付意外伤害医疗保险金约为1.2万元。

（注：以上数据来源为某保险公司客户案例，不同公司不同产品存在差异，以条款约定为准。）

三、保险如何守护您的一生

一般来说,按照保险险种的重要性和紧迫性,消费者购买保险产品的优先次序是:意外保险、住院医疗保险、重大疾病保险、人寿保险、儿童教育保险、养老年金保险、其他终身寿险或新型人身保险。人生不同阶段的保险需求如表 3-1 所示。

表3-1　人生不同阶段的保险需求

人生阶段	阶段特点	保险搭配
成年之前（0~20 周岁）	成长期,没有经济收入	意外险、重疾险、医疗险、学平险等,同时有能力的父母可以考虑子女教育金
初入社会期（20~30 岁）	初入职场,身体素质好,收入不稳定,基本不用承担家庭责任	意外险、重疾险、医疗险
成家立业期（30~40 岁）	组建家庭,承担家庭责任,应均衡考虑自己的健康、家人的健康、子女的教育、家庭财产的安全	意外险、重疾险、医疗险、养老险、车险、家财险
收入高峰期（40~50 岁）	家庭支柱,承担较重的家庭责任	意外险、重疾险、防癌险、寿险、养老险、车险、家财险
事业衰退期（50~60 岁）	衰老现象逐渐明显,准备养老	意外险、医疗险、防癌险、养老险
老年期（60 岁以上）	养老期	意外险、医疗险、长护险

第二节　老年生活保障多

一、您的出行保障有哪些

现代社会类公共交通工具数不胜数,为我们出行带来便利的同时,也可能会因场景不同出现意外伤害。

（一）交通意外保障

交通意外保险涵盖了人们日常出行的各类公共交通工具场景遭受的意外伤害，当我们在乘坐公共汽车、出租车、火车、轮船、飞机等各种交通工具时，为保证安全、以防万一，应当了解交通意外保险的相关知识。

小融此前给自己投保了交通意外保险。某天一早，她买完菜坐公共汽车回家，上车刷卡后，车辆在行驶中遇到红灯，司机紧急刹车，小融摔倒在车厢内，导致腹部受损脾破裂，经治疗和伤残鉴定后，可从交通意外保险中获得相应的伤残保险金赔偿。

（二）旅游意外保障

随着生活水平的不断提升，越来越多的人有了旅游需求。旅游保险保障范围涵盖的是以出行旅游为场景的意外伤害，在投保前只要明确出行的目的地和时间即可。这类意外事故构成条件要满足事故原因与伤害结果之间具有直接的关系，并在瞬间造成伤害，来不及预防，以及被保险人身体外部原因造成的事故。

场景描述

　　小京报名参加了"丽江两日游"旅游活动，在旅游过程中不慎从台阶上跌落，导致腰部等多处骨折，后经紧急治疗和伤残鉴定后，可以通过旅游意外险获得相应的伤残保险金赔偿。

（三）驾乘意外保障

　　驾乘意外保障范围涵盖的是在自驾过程中发生的意外，即因自驾车辆而导致发生的意外伤害。

场景描述

小京的爷爷此前给自己投保了驾乘意外保险，在一次自驾外出去北戴河游玩途中，因发生意外撞到隔离防护带导致多根肋骨骨折，车辆受损，经紧急治疗和伤残鉴定后，可从驾乘意外保险中获得相应的伤残保险金赔偿。

二、您的健康保障有哪些

我国医疗保障体系从 1998 年开始推广，截至目前，已经覆盖 96% 以上的人群。基本医保只能做到病有所医，但是老百姓的希望是把病看好，健康无忧。除政府和我们每个参保人共同努力外，还需要负责任的社会力量（保险公司）参与（见图 3-1）。

图 3-1　国家社会保障体系建设
（资料来源：中国人寿保险股份有限公司）

（一）门诊医疗保障

门诊医疗保险主要是用来报销门诊费用的保险。社会医疗保险和商业医疗保险中的高端医疗都包括门诊医疗保险。

1. 社会医疗保险

我国的社会医疗保险由基本医疗保险、企业补充医疗保险和个人补充医疗保险三个层次构成。其中，基本医疗保险是社会保险制度中覆盖范围最广、最重要的险种之一，它与基本养老保险、工伤保险、失业保险、生育保险共同构成现代社会保险制度，俗称"五险"。北京市基本医疗保险医疗费用报销比例如表 3-2 所示。

表3-2　北京市基本医疗保险医疗费用报销比例

		参保人员类别	起付线	封顶线本市社区①	报销比例（%）	
					其他定点	
城镇职工	门诊类	在职	1800 元	2 万元	90	70
		退休 70 岁以下	1300 元		85	
		退休 70 岁以上			90	
	住院类	参保人员类别	起付线	报销比例		
				医疗费用金额（元）段	一级医院（%）	二级医院（%）	三级医院（%）

		医疗费用金额（元）段	一级医院（%）	二级医院（%）	三级医院（%）
在职	本年度第一次住院1300元，第二次及以后每次650元	1300 ～ 3 万元	90.0	87.0	85.0
		3 万 ～ 4 万元	95.0	92.0	90.0
		4 万 ～ 10 万元	97.0	97.0	90.0
		10 万 ～ 50 万元	85.0		
退休		1300 ～ 3 万元	97.0	96.1	95.0
		3 万 ～ 4 万元	98.5	97.6	97.0
		4 万 ～ 10 万元	99.1	99.1	98.5
		10 万 ～ 50 万元	90.0		

① 从 2023 年 1 月 1 日起，本市职工门诊待遇不设封顶线，不再设置职工医保门诊最高支付限额，2万元以下报销比例不变，2 万元以上在职职工报销60%，退休人员报销80%（含退体人员统一补充医疗保险），上不封顶。

保险小课堂？

● 医保异地就医 ●

1. 异地就医，提前备案非常重要

如果参保人没有提前办理异地就医备案就直接在异地就医，那么很可能导致医保经办机构不予报销，虽然有部分地区没有办理异地就医备案也支持报销，但是报销比例一般都会下降。

2. 医保异地就医怎么备案

线下备案，通常需要异地就医人员携带本人有效身份证件、社保卡等相关材料到参保地所在的医保经办部门办理异地就医备案。线上备案可以通过国家医保服务平台 APP、国家医保局官网、官方微信公众号或小程序等方式办理备案。简单介绍下通过线上微信备案的流程：

（1）搜索"国家异地就医备案"；

（2）点击进入，填写资料；

（3）填写好异地备案资料后，提交异地备案申请，等待审核。

关于异地就医医保报销，各地政策可能存在差异，建议提前咨询参保地、就医地相关政策。

2. 商业医疗保险

商业医疗保险是指由保险公司经营的、营利性的医疗保障，是自愿参加的，按一定数额交纳保险金，遇到重大疾病时，可以从保险公司获得一定数额的医疗费用。商业医疗保险的核心作用是报销医保报销后剩余的医疗费用支出，主要补充解决住院医疗费用和特种高价药品费用的经济负担。

不同险种的报销比例和免赔额会有所区别，在购买保险前务必看清合同约定。

案例与提示

　　陈女士 40 周岁，投保了某商业医疗保险产品，保费金额为 66 元。等待期后，陈女士不幸罹患肝癌住院，住院期间共产生医疗费用 45 万元。其中，社保支付 10 万元，个人需负担 35 万元（医保外特种药品费用为 18 万元、医保外个人自费达 17 万元）。同一保险期间内，陈女士又因肺炎住院，共产生医疗费用 1.5 万元，未使用医保结算，全额自付 1.5 万元（其中乙类自付及自费项目 5000 元）。

　　商业保险第一次住院赔付：（总费用 45 万元－医保结算 10 万元－免赔额 2 万元）×80%＝26.4 万元（注：肝癌属于特定疾病费用，且不限医保目录，经医保结算后可按 80% 赔付）

　　商业保险第二次住院赔付：（总费用 1.5 万元－医保乙类自付及自费项目 0.5 万元）×50%＝0.5 万元（注：肺炎属于非特定疾病费用，前次住院已足额抵扣免赔额，未经医保结算按 50% 赔付）

（二）住院医疗保障

住院医疗保险的目的在于解决被保险人因住院而产生的高额费用支出问题，这类保险合同实际赔付通常会按照投保人的投保金额和满足保险责任的、实际确诊的情况按比例进行赔付。各家保险公司存在差异，具体以实际为准。

住院医疗保险

1. 住院医疗保险包括哪些

住院医疗保险分为费用型住院医疗保险和补贴型住院医疗保险两类。

（1）费用型住院医疗保险，即投保人通过社会基本医疗保险报销部分医疗费用后，保险公司按照保险损失补偿原则，补偿投保人所花费用的剩余医疗费。

（2）补贴型住院医疗保险与实际医疗费用无关，理赔时无须提供发票，保险公司按照合同规定的补贴标准对投保人进行赔付。

2. 住院医疗保险的费用项目包括哪些

住院医疗保险的费用项目主要包含每天住院费（床位费）、使用医院设备的费用、手术费、医药费等。住院时间的长短将直接影响其费用的高低，因此这种保险的保险金额应根据病人平均住院费用情况而定。

3. 购买住院医疗保险的注意事项

（1）在购买住院医疗保险时，需要注意一些除外责任，如隐瞒疾病产生的医疗费用。另外，住院医疗保险的保障范围不包括挂号费、救护车费、担架费、误工费等费用；在观察期内住院，以及在非保险公司指定医院治疗产生的费用保险公司也不会赔付。

（2）购买住院医疗保险一定要注意条款中的免赔额、报销比例，一定要综合考虑。

（3）住院医疗保险的保障期限一般为一年期，不同价格不同产品的医疗保障也不同，可以根据自身保障需求来选择。

（三）重疾医疗保障

重大疾病医疗保险，是由保险公司经办的以特定的重大疾病为保险对象，当被保险人罹患保单条款中约定的疾病或其他约定的条件时，则会由保险公司对所花费的医疗费用给予适当补偿的商业保险。

需要注意的是，实际赔付通常会按照投保人的投保金额和满足保险责任的、实际确诊的情况按比例进行赔付。各家保险公司存在差异，具体以实际为准。

三、您的养老保障有哪些

目前，我国的养老保障体系包含三大支柱。其中，第一支柱是基本养老保险，包括城镇职工基本养老保险和城乡居民基本养老保险，由政府主导；第二支柱包括企业年金和职业年金，是与职业关联、由国家政策引导、单位和职工参与、市场运营管理、政府行政监督的补充养老保险；第三支柱包括个人储蓄型养老保险和商业养老保险，是个人利用金融手段增加养老保障供给的有效形式（见图3-2）。

中国三支柱养老体系		
第一支柱	第二支柱	第三支柱
社会：社保基本养老金	企业：企业年金补充养老	个人：个人储蓄养老保险

图 3-2　中国养老保障体系三大支柱
（资料来源：泰康养老保险股份有限公司）

第二支柱——企业年金和职业年金

　　企业年金是一种补充性养老金制度，是对国家基本养老保险的重要补充，是我国正在完善的城镇职工养老保险体系（由基本养老保险、企业年金和个人储蓄性养老保险三个部分组成）的第二支柱。

　　企业年金的参保范围包括企业工作人员、社会组织工作人员等。

　　企业年金的单位和个人的交费比例不超过工资的 12%，必须交给有资质的机构，采用个人账户方式进行管理，企业年金待遇水平取决于个人账户交费水平和投资收益水平。退休后可一次性领取或分多期领取企业年金。

　　职业年金是指在职的还没有退休的机关事业单位工作人员除交纳基本养老保险外的补充养老保险。其参保范围包括按公务员法管理的机关单位、事业单位及编制内的人员。退休后，按月领取职业年金。

　　基本养老保险是基础，年金制度是补充，但不强制。

目前第三支柱个人储蓄养老保险主要有哪些

1. 商业养老保险

　　商业养老保险是以获得养老金为主要目的的长期人身保险。商业性养老保险的被保险人，在交纳了一定的保险费后，就可以从一定的年龄开始领取养老金。

2. 终身寿险保障

　　终身寿险可以在保障自身的同时，也能在被保险人身故后惠及子女。它是一份纯保障的保险，和储蓄类的保险相比，它的杠杆作用更大，保障的性价比高。

例如，一位42岁的男士配置一份高额的终身寿险，受益人是他的配偶和子女，那么当他遭遇任何意外伤害或发生变故时，受益人就会获得一笔保险金。

四、您的财产保障有哪些

【小融的奶奶】小京爷爷，物业通知今天燃气公司来检查燃气管路，排查隐患，你家查了吗？

【小京的爷爷】刚查完，没问题，但为了保险起见，我还是投保了一份家庭财产保险。

【小融的奶奶】确实有必要，多一份保障，心里踏实。

家庭财产保险简称家财险，保障范围一般包括由于火灾、爆炸、空中运行物体坠落、外界物体倒塌、台风、暴风、暴雨、龙卷风、雷击、洪水、冰雹、雪灾、崖崩、冰凌、突发性滑坡、泥石流和自然灾害引起的地陷或下沉造成房屋主体、房屋装修及室内财产的损失。

房屋出租保险是基于家庭财产保险专门针对房屋出租需求而开发的保险产品，其主险与家庭财产保险中房屋主体、房屋装修及室内财产的保障范围基本一致，区别在于房屋出租保险附加了出租损失、出租房声誉损失津贴的赔偿责任。

房屋出租保险的赔偿责任包括哪些

1. 租金损失

承保由于主险保险责任范围内的原因导致租赁房屋无法居住，保险人对被保险人合理的租金损失按保险合同约定负责赔偿。

2. 出租屋声誉受损津贴

承保保险单载明的被保险房屋在出租期间，房屋内发生自杀和犯罪行为导致的人身死亡事件的，保险人按照保险合同约定的出租房声誉损失津贴金额赔偿。

第三节　小众险也有大作用

保险作为金融行业的重要组成部分，已经逐步融入人们的日常生活中，为满足人民日益增长的保险需求，针对不同消费人群对保险需求的多样性和差异性，保险业相继开发了各类保险产品，让我们一起来了解一下吧。

一、如何通过保险减轻失能护理经济负担

🌻 **场景描述** 🔍

小航的奶奶早起去买菜，看到小京的爷爷和小融的奶奶几个人在小公园打太极拳。

【小京的爷爷】咱们退休后什么最重要？健康最重要，锻炼锻炼身体好，我可不想生病，天天需要人照顾，给儿女增加负担。

【小融的奶奶】有啥别有病，多运动准没错。

长期护理保险属于健康保险范畴，是指对个体由于年老、疾病或伤残导致生活不能自理，需要在家中或疗养院治病医疗并由专人陪护所产生的护理费进行经济补偿的保险。该保险减轻了失能群体经济和事务性负担。

因个人的身体健康状况不同，护理期也存在很大差异，从半年、一年、几年到十几年不等，护理意义并不是治愈疾病，而是尽可能维持个体的身体机能有效运转。

针对失能老年人及其家庭长期照护支付能力不足的问题，北京市率先在石景山区试点了长期护理保险，为重度失能人员提供护理服务。截至 2022 年 4 月，石景山区全区共计 418203 人成功参保，其中城乡居民有 5766 人，城镇职工有 412437 人，

累计已为 3400 名失能人员提供护理服务。

二、如何通过保险提升失独家庭养老生活质量

在我们身边有这样一个群体，年龄多在 60 岁以上，由于疾病或意外等原因，遭遇独子夭折的厄运，在经历了"老来丧子"的人生大悲之后，因年龄的原因使他们又失去再生育能力，只能独自承受养老、医疗、心理等方面的巨大压力。针对这一类特殊群体，保险业设计开发了住房反向抵押养老保险，为失独、空巢老人养老提供新的选择。

老年人住房反向抵押养老保险是一种将住房抵押与终身养老年金保险相结合的创新型商业养老保险，即拥有房屋完全合法产权的老年人，将其房产抵押给保险公司（抵押权人），之后继续拥有房屋占有、使用、收益和经抵押权人同意的处置权，并按照约定条件领取养老金直至身故。老年人身故后，保险公司有权依法行使抵押权，抵押房产处置所得将优先用于偿付养老保险相关费用。该险种的核心在于"以房养老"，满足了老年人希望居家养老、增加养老收入、长期终身领取养老金的三大核心需求。

三、如何转嫁银行卡盗刷风险

银行卡盗刷保险是指因被保险人的银行卡被他人盗刷、盗用、复制，致使被保险人遭受资金损失，由保险公司予以赔偿的保险。银行卡包括被保险人名下的借记卡、信用卡主卡及与其关联的附属卡、存折、网络银行账户和以被保险人为持卡人的信用卡附属卡。

某日，老王发现自己的手机突然没有信号，随即前往营业厅咨询，工作人员查询后告知有人用他的身份证补办了 SIM 卡，他自己使用的卡已作废。随后

老王查询自己手机银行账户内的 6 万元不翼而飞，老王立即报案。

◎ **案例解析**

经警方介入调查，确认老王账户余额是被不法分子盗刷的。根据银行卡盗刷保险的相关条款，被保险人的网银账户、手机银行账户或第三方支付账户被他人盗用属于保险责任，可以获得保险公司的理赔，理赔金额是保险合同里面约定的额度。

◎ **提示**

不法分子非法获取持卡人身份证及网络交易身份识别信息、交易验证信息，就可能实现盗刷。消费者要注意辨识网络服务渠道的真实性，避免信息被不法分子通过"钓鱼"手段窃取，对陌生来电、短信和不明链接保持警惕，不下载非官方 APP，不在不安全的网络界面或者网络环境中登记身份证、银行卡、密码、验证码等个人信息。

四、如何减轻宠物医疗负担

宠物医疗保险是指被保险宠物因遭受合同约定的可能发生的事故或疾病，在符合保险合同释义的宠物医疗机构接受治疗而实际支付的必需且合理的治疗费用，由保险公司负责赔偿。

宠物医疗保险是保障宠物主人利益的一个险种，一般在宠物生病或发生意外时，偿付宠物主人需要支付的费用，功能上类似人类的医疗保险，性质上则属于财产保险。

第四节　保险事项要注意

自从小融的奶奶了解到小京的爷爷摔倒后个人负担医疗总费用的 80% 都由保险公司支付后，小融的奶奶于是准备了解保险并为自己进行保险配置。

一、如何合理规划保险保障

老年人最常见的风险是意外与疾病，所以对于老年人来说，在社保之外最基础也最需要配置的，就是意外险与重疾险，附加险可以侧重于住院及药品。同时，老年人还需要关注保养或护理，可以考虑长期护理险，以及与养老社区、护理中心相结合的保险产品。

二、如何读懂保险责任

保险销售人员小张给小融的奶奶讲解。

【小融的奶奶】合同上这么多内容，小张你帮我讲讲吧。

【保险销售人员小张】保险合同是投保人与保险人约定保险权利义务关系的协议。对于您来说，除需要确认基础信息填写无误外，最重要的是需要明晰保险责任、认清责任免除。

什么是保险责任

保险责任是指保险公司承担赔偿或者给付保险金责任的项目，即保险合同中约定由保险人承担的保障范围，在保险事故发生时所负的赔偿责任，也就是我们常说的"保什么"。

三、如何认清责任免除

● 什么是责任免除 ●

　　责任免除是保险合同中规定保险人不负保险责任的范围。责任免除大多采用列举的方式，即在保险条款中明文列出保险人不负赔偿责任的范围，也就是合同不理赔的情况。当我们发生合同约定的保障内容，但同时符合责任免除的范围，保险公司将不进行理赔。

场景描述

　　【保险销售人员小张】明确了以上保险合同内容，您就明白您的保单"保什么"和"不保什么"了。

　　【小融的奶奶】明白了，那我肯定买得越全越好了。我身份证和银行卡都准备好了，是不是可以直接投保了？

　　【保险销售人员小张】我还需要给您介绍一些投保过程中的注意事项，咱们只有按照要求一步步操作才能使保单承保并生效哦！

四、为什么要做好如实告知

做好如实告知，保障自身权益

　　如实告知义务是指在订立保险合同之时，被保险人或者投保人必须要将保险标的中的重要事项如实告知保险人，并确保保险人能够全面、准确地掌握这些重要事项，只有这样才能够让保险人正确地认识并评估危险状况，继而决定是否承保或者在何种条件下承保。

　　如实告知是投保人的义务，如果故意或者因重大过失没有进行如实告知，足以影响保险人决定是否同意承保或者提高保险费率的，保险人有权解除保险合同。

　　【小融的奶奶】我有高血压，如果不说是不是会影响我的合同呢？

　　【保险销售人员小张】身体情况对不同的保险影响不同，您只需要如实告知，保险公司会根据您的情况进行评估。

五、为什么保险合同不能代签字

场景描述

【小融的奶奶】对了，小张，我现在出去旅游了，能不能让儿媳妇替我买啊？

【保险销售人员小张】这是不可以的，《中华人民共和国保险法》是有规定的，为了保障您的合法权益，等您回来后，我们再进行办理即可。

保险小课堂

谨慎对待签字及授权

投保人或者投保人的代理人订立保险合同时没有亲自签字或者盖章，而由保险人或者保险人的代理人代为签字或者盖章的，对投保人不生效。但投保人已经交纳保险费的，视为其对代签字或者盖章行为的追认。[①]

中国银保监会提示：警惕非法"代理维权"侵害，谨慎对待签字、授权

来源：央视网 | 2022年01月20日 10:04:05

央视网消息：据中国银保监会消息，2022年1月20日，中国银保监会发布《关于防范"套路"营销行为的风险提示》称，打着金融业务名义、以非法占有为目的、假借民间借贷之名的套路贷以及非法集资等问题被高度关注，一直以来都是国家严厉打击的违法犯罪行为。此外，强制捆绑搭售、误导销售、砍头息等"套路"行为也严重侵害消费者合法权益。比如，在贷款产品营销中，有息费不透明、虚假宣传、莫名收费等类似"套路贷"行为；在保险营销中，有以"首月0元""免费保障"等为噱头的误导投保"套路保"行为。

对此，中国银保监会发布2022年首期风险提示，提醒消费者注意防范此类侵害金融消费者知情权、自主选择权、公平交易权、财产安全权的"套路"行为。在风险提示中，中国银保监会列举了四类"套路行为"。

---

① 《最高人民法院关于适用〈中华人民共和国保险法〉若干问题的解释（二）》第三条。

电子化投保系统推广

　　随着互联网技术的发展进步，保险公司运用现代科技不断提升保险服务体验，陆续上线电子化投保系统。消费者通过保险公司网站、手机或自助终端设备实时在线电子投保，通过系统录入投保信息，实时转账，在线签名。电子投保，通过人脸识别或银联校验等技术，在确保安全的前提下，将客户投保、公司核保、公司承保、银行转账等环节，压缩在几分钟内完成，实现保险投保全流程无纸化。

　　（注：各保险公司电子化投保系统存在差异。）

六、为什么要进行录音录像和电话回访

 场景描述

　　【小融的奶奶电话联系保险销售人员小张】我看到你们公司最近有款养老保险不错，我想投保一份。

　　【保险销售人员小张】小融奶奶，我现在去您家帮您投保，因为您年龄超过 60 岁，根据监管规定，咱们投保过程必须录音录像。

保险小课堂

为什么要进行双录和回访

1. 录音录像是什么

录音录像简称双录，是指保险公司、保险中介机构通过录音录像等技术手段，记录和保存保险销售过程关键环节，实现销售行为可回放、重要信息可查询、问题责任可确认。

2. 为什么要双录

双录让销售行为随时可回溯，切实维护保险消费者合法权益，让投保人投保更安心、保障更放心。

3. 电话回访是什么

根据监管规定，保险公司必须在犹豫期内对购买了一年期以上人身保险产品的投保人进行回访，回访方式应首选电话回访，若电话回访不成功的，应通过信函、上门等方式补充。无论是电话回访录音，还是信函、上门回访获得的投保人签字确认回执，均是合同双方具有法律效力的意思表示。

电话回访是对保险销售人员销售行为是否规范的再监督，也是保护消费者权益的一道重要屏障。

案例与提示

张女士于 2021 年购买了一份人身保险，办完手续后，销售人员提醒她会有保险公司的回访电话，要保持手机畅通，张女士未放在心上。几天后，张女士果然接到了保险公司的回访电话，她没有仔细考虑便作出肯定回答。

2022 年，张女士仔细阅读条款后发现产品并不适合自己，便以自己

对产品不了解为由申请退保，但保险公司提供的电话回访录音显示，张女士对所购买保险的各项内容均已了解，若退保依据合同约定将损失 30% 的保费。无奈之下，张女士只得自己承担解除合同的损失，这就是不重视保险回访惹的祸。

七、如何理解犹豫期与退保损失

【保险销售人员小张】小融奶奶，恭喜您购买保险成功，您在犹豫期内，是可以退保的，但是如果超过犹豫期，是会有退保损失的。

【小融的奶奶】这样的呀，小张，犹豫期是指什么呀？具体是多少天呀？

为什么要设置犹豫期

1. 什么是犹豫期

一年期以上人身保险产品有犹豫期（也叫冷静期）的约定，犹豫期一般是从投保人收到保险单并书面签收日后10天（银行保险渠道为15天）内。

（注：犹豫期不同公司不同产品存在差异，以条款约定为准。）

2. 设置犹豫期的意义

在犹豫期内，投保人可以无条件解除保险合同，保险公司除扣除不超过10元的成本费之外，应退还全部保费，并不得对此收取其他任何费用。

犹豫期后，投保人也可在保险合同有效期内要求解除保险合同，即退保。但犹豫期后退保，只能退还保单现金价值而非已交保费，建议在投保前认真考虑，避免犹豫期后退保造成不必要的损失。

场景描述

【小融的奶奶】感谢小张，我明白啦！

【保险销售人员小张】不客气，李奶奶，祝您一切顺利！

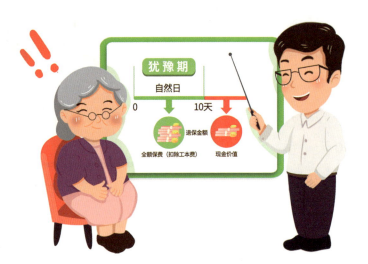

八、如何进行保险理赔

场景描述

一个冬日的午后，小融的奶奶出门遛弯，下台阶时一不小心踩空摔倒，X光片显示小腿骨折，住院进行了手术。出院后，小融的奶奶想到了自己购买的保险，打电话咨询该如何处理。

【**保险销售人员小张**】您购买的保险产品中有意外医疗保险，发生意外后就诊产生的医疗费用可以向保险公司申请理赔。

（一）什么是理赔

理赔是保险公司执行保险合同，履行保险义务，承担保险责任的具体体现。客户购买保险产品，保险公司会承担相对应的保险责任。客户出险后可以向保险公司申请理赔，保险公司审核客户提交的资料，符合合同约定的保险责任，即可正常理赔。

【小融的奶奶】小张啊，你说的理赔是一个什么流程呀？

【保险销售人员小张】不同保险公司的理赔流程略有差异，但大体流程是一致的，下面就让我来给您介绍一下吧！

（二）通用保险理赔流程是什么

出险莫慌张，立即报案，专业服务来帮忙！

【保险销售人员小张】小融奶奶，如果您提交了理赔申请，待审核通过后会给您发结案通知书，一般 10 天内，就会以非现金的方式给您支付理赔款。

【小融的奶奶】感谢小张，讲得太清楚了。

【保险销售人员小张】客气啦，也祝您身体健康！

第二十三条 保险人收到被保险人或者受益人的赔偿或者给付保险金的请求后，应当及时作出核定;情形复杂的，应当在三十日内作出核定，但合同另有约定的除外。保险人应当将核定结果通知被保险人或者受益人;对属于保险责任的，在与被保险人或者受益人达成赔偿或者给付保险金的协议后十日内，履行赔偿或者给付保险金义务。保险合同对赔偿或者给付保险金的期限有约定的，保险人应当按照约定履行赔偿或者给付保险金义务。

通用保险理赔流程如图 3-3 所示。

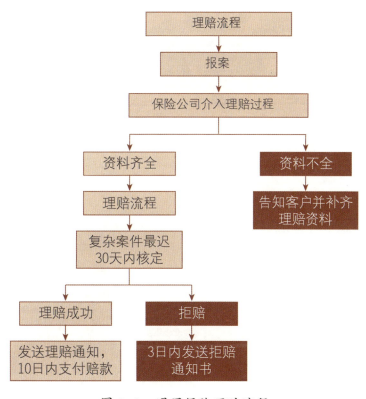

图 3-3　通用保险理赔流程

第五节　保险适老化服务有暖意

2021 年 3 月，中国银保监会发布《中国银保监会办公厅关于银行保险机构切实解决老年人运用智能技术困难的通知》（银保监办发〔2021〕40 号），进一步解决

老年人在银行保险服务领域运用智能技术方面遇到的困难，让老年人更好地共享金融业信息化发展成果。

场景描述

广场舞已经成为老年人热爱生活、保持健康、安度美好晚年的高人气活动。最近，社区组织以"老年养生健身操"为主题的友谊赛，来自和谐小区平均年龄60多岁的爷爷奶奶们凭借精湛的舞姿、昂扬的精气神一举进入决赛。怀揣着对美好生活的热爱，他们约定每天早上在小区内勤加练习。今天练习结束后，大家一起讨论动作、聊聊家常。

【小京的爷爷】小航奶奶，昨天你去保险公司柜面领红利顺利吗？地址在哪儿啊？去年咱们一起给孩子们买的保险，我想去变更一下受益人，我不太会用智能手机，还得自己跑一趟。

【小航的奶奶】就在咱们小区对面胡同里，办理挺顺利的，可能人家一看我是老太太，进门就全程陪伴操作，都没让我多操心，我还拍了一个他们的服务顺口溜，给大家展示展示。

一、柜面服务优先办、专属人员来陪伴；

二、客服热线优先接、智能指导更体贴；

三、上门服务及时达、行动不便也不怕；

四、增值服务有诚意、全民跟学齐受益；

五、智能软件有方法、业务办理更便捷。

各家保险公司存在差异，具体以实际为准。

一、老年人享有哪些临柜的适老化服务

"柜面服务优先办、专属人员来陪伴"主要有以下几个常见举措：

（1）对于60岁以上的老年人，智能排队系统自动加以识别，享受第一优先排队顺序。

（2）开辟敬老窗口、爱心专座，"敬老服务专员"会在休息区帮您坐享保单服务，也可在敬老专柜享受加倍贴心的柜台服务。

（3）为老年客户配备轮椅、拐杖、花镜、放大镜、血压仪、应急药箱、雨具等适用于老年人的服务设施，将助老、敬老做到实处。

（4）为60周岁以上的临柜客户准备"致老年客户的一封信"，提示老年人防范诈骗风险。

二、老年人享有哪些线上的适老化服务

场景描述

【小京的爷爷】小航奶奶，我先拨打客服热线，问问办理受益人变更都需要哪些手续吧。

【小航的奶奶】行呀，看看他们是怎样线上服务我们这些60岁以上老客户的。

【小京的爷爷】喂，您好，是XX保险公司吗？

【接线人员】您好，XX保险公司为您服务，请问有什么可以帮您？

【小京的爷爷】我多年前给自己买了一份保险，之前保单没指定受益人，现在想让儿子当受益人，该如何办理呢？需要我来柜面吗？

【接线人员】您可以在手机APP上操作，或者带着您和受益人的身份证来柜面办理。

【小京的爷爷】好的，谢谢你。明天孩子回来，我让他帮忙操作一下试试，如果有不会的地方，除了跟你们电话联系，还有其他方式吗？

【接线人员】您还可以使用手机APP的空中客服或者微信小程序跟我们取得联系，或者联系您的销售人员咨询。

"客服热线优先接、智能指导更体贴"主要有以下常见举措：

（1）客户服务专线通过比对系统留存电话号码，自动识别客户年龄信息，提供专属服务，以消减老年客户对智能语音导航服务智能交互的陌生感与不适感。

（2）针对未在公司留存手机号码的老年人来电，通过智能语音识别、合成技术等解析老年人特殊表达，同样可直达老年人专属数字按键语音菜单服务。

（3）老年客户选择输入专属数字按键菜单对应按键后，将直接被列入当前来电人工服务申请排队队列，并享受优先接入权益。

（4）微信小程序针对客户开发一键视频服务，足不出户协助老年客户办理业务，实现零等待、免排队。

（5）通过保险公司 APP 连线"空中客服"，对于常用的几项业务，与客服人员"面对面"交流，跨越时空阻隔，完成业务办理。

三、老年人享有哪些面临特殊情况的适老化服务

【小融的奶奶】小航奶奶，你这办趟业务收获良多啊，其实我也体验过，上次我老伴儿摔伤卧床，我忙着照顾他也没时间去办理赔，联系保险公司的工作人员说明了情况，他们就来上门服务了，协助我们通过手机 APP 办理了相关手续，帮忙把医疗票据交到保险公司，临走还留了联系方式，让我们有问题可以随时沟通。

"上门服务及时达、行动不便也不怕"的常见举措如下：

对于存在重病、身体不便等特殊情况的老人，可拨打全国统一客服热线或通过销售人员提出业务办理需求，特事特办，将柜面服务延伸，安排服务人员上门办理，客户在哪里，服务就在哪里。

四、老年人享有哪些增值服务的适老化服务

【小航的奶奶】你平时注意养生吗？

【小融的奶奶】那必须的呀，怎么提到这个？

【小航的奶奶】那天在柜面，工作人员邀请我参加他们举办的"名医云讲堂"活动，介绍中国传统养生文化和一些实用养生方法。

"增值服务有诚意、全民跟学齐受益"主要有以下常见举措：

（1）主题宣传。在每年的客户节、"3·15"消费者权益保护教育宣传周、9月金融知识宣传月等主题活动中开展线上、线下宣传活动。

（2）日常宣传。在柜面、社区等场所以金融知识讲堂等形式常态化开展线下宣传服务活动。

（3）围绕老年客户关注的健康、养生、医疗等问题，推出线上增值服务，如"名医云讲堂"、经脉健身等线上活动，帮助老年客户丰富知识储备，养成健康生活习惯。

五、老年人享有哪些智能化的适老化服务

场景描述

【小京的爷爷】小航奶奶，我刚又联系保险公司的工作人员了，他们教会我如何线上预约柜面服务，还能查路线呢，离咱们较近的有3家门店，我找了其中一家最近的，预约去变更受益人。

【小航的奶奶】活到老学到老，咱们广场舞跳得这么优秀，科技生活也不能落下呀。

"智能软件有方法、业务办理更便捷"主要有以下常见举措：

（1）为方便老年人使用智能手机保险软件，多家保险公司均推出了大字简洁、尊老化版本，增设老年人专属服务页面。

（2）客户临柜前通过线上 APP、微信小程序等提前查看全市柜面地址、排队时长、通行路线，预约服务时间和要办理的业务，即可在到店后享受免排队的"特殊待遇"，缩短在柜面的等候时长。

关爱手册之消费者
投保提示

聚焦老年客户
普及金融知识

第四章　跨越数字鸿沟

　　小融的奶奶在 2022 年"3·15"消费者权益保护教育宣传周期间参加了银行和保险公司联合举办的金融知识宣传活动，活动期间了解到"消保守护"小程序汇集了北京地区主要银行保险机构联系方式和智能服务教程。

　　【小融的奶奶】小张，今天把你叫到家里来，是想请你教教我如何使用上次活动推荐的"消保守护"小程序，最近我和老伴儿想咨询一些金融问题，而且还想学习一下如何用手机查询银行账户等操作。

　　【小张】没问题奶奶，我现在就教您如何使用手机操作银行、保险智能服务教程。您打开手机微信，扫描下图的二维码，就会出现"消保守护"界面，

包括"防风险护权益""银行智能服务教程""保险智能服务教程""银行保险机构联系方式""行业调解组织联系方式"五大板块内容。同时，您既然想知道如何操作，那我们今天就先一起来学习一下"智能服务教程"吧。

第一节　手机银行 APP 使用很便捷

进入移动互联网时代，手机银行的诞生使消费者可以"足不出户"体验多种金融服务。站在数字化和老龄化交汇的路口，老年消费者也可以轻松在家完成查询账户、汇款转账、生活缴费、理财查询等多种金融业务。

本节所有配图以工商银行幸福生活版为例，使用手机 APP 的操作步骤不同机构存在差异。

一、如何登录手机银行

（一）首次登录手机银行

【步骤一】找到手机银行应用 APP，打开应用程序，在首页"点击登录"，输入注册手机号码。

如何登录手机银行

【步骤二】请在阅读并同意相关协议政策后，在"我已同意"处勾选。

【步骤三】点击"注册／登录"，输入短信收到的验证码。

【步骤四】点击"确定"，输入手机银行登录密码，再点击"登录"，输入注册卡取款密码，点击"下一步"。

【步骤五】点击"完成"，您就成功登录手机银行了。

（二）非首次登录手机银行

【步骤一】打开手机银行 APP，在首页"点击登录"，直接输入手机银行登录密码。

【步骤二】请在阅读并同意相关协议政策后，在"我已同意"处勾选。

【步骤三】点击"登录"，您就成功登录手机银行了。

二、忘记手机银行密码怎么办

【步骤一】打开手机银行 APP，在首页"点击登录"，再点击"忘记密码"。

忘记手机银行密码
怎么办

【步骤二】点击"获取"短信验证码，输入验证码，再点击"确定"。

【**步骤三**】输入姓名、证件号码，点击"下一步"，输入注册卡取款密码，再点击"下一步"。

【**步骤四**】点击"同意并开始识别"，根据提示完成识别，设置新的登录密码，输入两次。

【步骤五】点击"确定"，密码设置成功。

三、如何查询手机银行账户

【步骤一】打开手机银行 APP，在首页"点击登录"，输入手机银行登录密码，点击"登录"。

如何查询
手机银行账户

【步骤二】成功登录后，点击"我的账户"，再点击需要查询的账户。

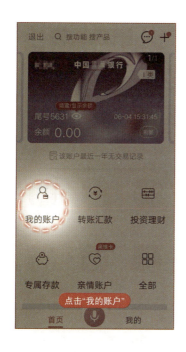

【步骤三】在展开的列表中，点击人民币余额"账户详情"，再点击"查询明细"。

【**步骤四**】页面自动展示近一个月明细，点击右上角"更多查询"，可选择查询起止日期。

【**步骤五**】支持 10 年内明细查询，更多明细查询请本人携带身份证件到银行营业网点登记查询。

四、如何用手机银行转账汇款

【步骤一】打开手机银行 APP，在首页"点击登录"，输入手机银行登录密码，点击登录。

如何用手机银行
转账汇款

【步骤二】成功登录后，点击"转账汇款"，再点击"境内汇款"。

【步骤三】必填项：依次输入"收款姓名""收款卡号""收款银行""汇款金额"，点击选择"汇款时间""付款卡号"。

【步骤四】选填项：如有附言需求，可在此输入。

【**步骤五**】如有短信通知需求可在此勾选，输入接收短信手机号。

【**步骤六**】点击"下一步"，输入短信验证码（或支付密码）。

【**步骤七**】汇款成功。

五、如何用手机银行生活缴费

【**步骤一**】打开手机银行 APP，在首页"点击登录"，输入手机银行登录密码，点击登录。

如何用手机银行
生活缴费

【**步骤二**】成功登录后，点击"全部"，找到"生活服务"中的"生活缴费"，再点击进入。

【**步骤三**】选择所需缴费项目，即可查询账单并完成缴费。

六、如何用手机银行查询基金、理财

【步骤一】打开手机银行 APP，在首页"点击登录"，输入手机银行登录密码，点击登录。

如何用手机银行
查询基金、理财

【步骤二】成功登录后，点击"我的账户"，再点击下方"投资理财账户"。

【**步骤三**】点击"开放式基金"或"本外币理财账户"，即可查询您所持有的基金或理财信息。

第二节　手机保险 APP 使用很轻松

　　各家保险公司在使用手机 APP 的操作步骤上存在差异，具体操作请以实际为准，以下皆为范例。

一、如何用手机APP查询保单

如何用手机APP
查询保单

　　【步骤一】打开手机保险 APP，登录进去后，点击首页的"尊老版"。

【步骤二】点击上方，左右滑动，可查看寿险及财险保单。

【步骤三】点击"寿险保单查看详情"，查看保单列表。

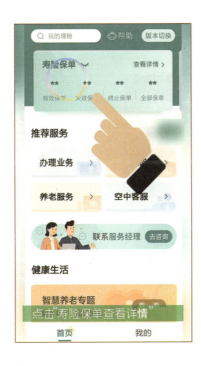 

【步骤四】点击"保单号"，查看保单详细信息。

二、如何用手机APP续期交费授权

【步骤一】点击首页"尊老版"。

如何用手机APP
续期交费授权

【步骤二】点击 "办理业务"，再点击"银行转账授权"。

【步骤三】点击"续期交费账号"，选择要授权交费的保单。

【步骤四】点击"授权／变更"，选择续期交费账号。

【步骤五】输入收到的手机验证码。

三、如何用手机APP领取红利

【步骤一】点击首页"尊老版"。

【步骤二】点击"更多服务"，再点击"红利领取"。

【**步骤三**】选择您要领取红利的保单，点击"下一步"，再点击"确定"。

【**步骤四**】核对领款信息，点击"下一步"。

【**步骤五**】进行人脸识别，按要求操作。

【**步骤六**】输入手机验证码，点击"提交"，红利领取办理完成。

四、如何用手机APP变更客户资料

【步骤一】点击首页"尊老版"。

如何用手机APP
变更客户资料

【步骤二】点击"更多服务"，再点击"客户资料变更"。

【步骤三】这里可以修改"证件有效期""手机号""邮箱""通讯地址""民族"和"婚姻状态"。

【**步骤四**】我们以修改地址为例，点击"保存，下一步"，确认变更信息，再点击"确定"。

【**步骤五**】进行人脸识别，输入手机验证码，变更信息完成。

五、如何拨打客服热线

【步骤一】使用在保险公司登记的最新手机号码，点击桌面中的电话。

如何拨打客服热线

【步骤二】拨打客服热线，点击拨号键。

【步骤三】65 岁以上的老年客户，拨打 955×× 直接转入人工坐席。

六、如何联系空中客服

【步骤一】点击首页"尊老版"，再点击"空中客服"。

如何联系空中客服

【步骤二】点击"连接视频"，耐心等待人工服务。

第五章　安全规划理性维权

第一节　资金安全要警惕

一、如何识别和防范诈骗"陷阱"

"家有一老，如有一宝。"但是近年来，一些不法分子将"魔爪"伸向了老年人群体，凭借层出不穷、花招不断的诈骗手段，骗走老年人辛苦攒了一辈子的积蓄。老年人该如何识别诈骗陷阱、守住养老钱呢？

（一）警惕"以房养老"诈骗

一是"以房养老"陷阱。不法分子打着"以房养老"的旗号，诱使老年人抵押房产以获得资金，再用所获资金购买其所谓的"理财产品"并承诺给付高额利息。实际上不法分子是用老年人房产办理抵押借款，并将资金盗取使用甚至挥霍，一旦资金链断裂，老年人不仅无法收回本金获取收益，还将面临房产被强制拍卖的风险。

二是防骗技巧。针对"以房养老"骗局，中国银保监会消费者权益保护局2021年6月曾发布风险提示。这种保险目前在我国还处于试点阶段且比较小众，对机构业务开展和销售管理都非常严格。不法分子所宣称的"以房养老"与国家试行的住房反向抵押养老保险完全无关，只是其假借国家政策为非法集资活动造势宣传的手段而已，其实根本不具备相应的资质、能力，往往是骗局。

（二）警惕"投资返利"诈骗

不法分子通过虚构投资理财项目，以"低风险、高回报"为宣传噱头，诱惑老

103

年人投资。犯罪分子开始先让老年人"小额投资"几千元，然后按时"返利"，进而引导老年人追加投资金额，一旦老年人大额投入，不法分子便消失不见。

> 💡 **小贴士**：投资理财首先要选取正规渠道，其次要对所投资的项目进行了解，多方查证，谨慎对待。特别要警惕各类标榜"低投入、高收益、无风险"的投资理财项目，切勿盲目追求高息回报，谨防被骗。

（三）警惕"养生保健"诈骗

不法分子抓住老年人"怕生病"和迷信"专家教授"的心态，冒充专家教授的身份，博取老年人的信任。起初受害老年人往往抱着"试试看"的心态，选择花小钱信任所谓专家的"良药"，但因为受害老年人防骗意识较弱，随后在犯罪分子轮番"免费用药"等的利益诱惑下，一步一步陷入犯罪分子精心设计的骗局之中，遭受损失。

> 💡 **小贴士**：不迷信"偏方"，不轻信"专家"。身体不适应去正规医院治疗，如要购买保健品，多与子女商量。

（四）警惕"收藏投资"诈骗

"限量发行""高额回报""绝世珍藏"等宣传语，常被不法分子用来吸引老年人投资一些所谓的"收藏品"，不法分子还许诺在短期内会帮助老年人将"收藏品"进行拍卖以实现"收益翻番"，继而索要"展览费""评估费""公证费"等相关费用。

> 💡 **小贴士**：涉及收藏投资，如果您听到推销者声称"藏品回购、短时间内升值、帮助出售变现"之类的承诺，基本就可以断定对方是骗子，购买收藏品有着很高的"门槛"，首先应具备相应的收藏知识，其次一定要从正规渠道购买。

（五）警惕"黑中介贷款"诈骗

不法分子通过非法"小广告"，声称可办理高额透支信用卡或个人信用贷款，一旦老年人与其联系，不法分子则以"手续费""中介费""保证金"等虚假理由要求老年人连续转款。有时，不法分子会让老年人证明自己有还款能力，要求老年人先往骗子账户内存钱。

> ⟩ **小贴士**：若确有相关需求，应选择正规金融机构和正规渠道申请个人贷款或获取信用卡额度，可通过拨打金融机构官方客服电话、前往金融机构营业网点、手机 APP 申请等多种渠道进行咨询办理。金融机构有着严格的审批条件和手续，不可能通过非常规途径办理。

（六）警惕"代办保险、代理退保"诈骗

代办保险诈骗。不法分子利用部分老年人对养老保险需求较大，不了解保险政策、不清楚办理程序等特点，谎称在社会保障局有熟人，通过挂靠公司虚构劳动关系或伪造年龄等方式，对老年人实施诈骗。

代理退保诈骗。不法分子通过不法手段获得保单信息后联系老年人，诋毁保险公司产品，承诺更优的收益，诱骗老年人退保，并先收取高额手续费，待退保后再推荐老年人购买"其他理财产品"，最后人走楼空。

> ⟩ **小贴士**：一是不信"偏门"，办理各类保险业务一定要去正规机构；二是不贪"小利"，相信"天上不会掉馅饼"；三是多学习金融知识，了解金融产品的特征、办理流程及金融常识，以有效增强风险识别能力。

二、如何保护好个人信息安全

个人信息主要包括姓名、性别、年龄、身份证号码、电话号码及家庭住址等在

内的个人基本信息；网银账号、第三方支付账号、社交账号、邮箱账号等账户信息；通讯录信息、通话记录、短信记录、聊天记录、个人视频、照片等隐私信息，以及个人的设备信息、社会关系信息、网络行为信息等。不要小看这些个人信息的泄露问题，不法分子在精准掌握用户个人信息的前提下，能编造出迷惑性更高的诈骗场景，因此需要我们提升安全意识，养成良好习惯，最大限度地做好自我防护。

（一）保护个人信息"六不要"

一不要将个人的身份证件、驾驶证、银行卡，以及其他证书、证件等出租、转借或转卖他人使用。

二不要向他人随意透露银行卡号、账户密码、有效期、安全码、身份证号、短信验证码等重要信息。

三不要随意丢弃业务单据、交费单据、ATM 凭条、信用卡对账单、信用卡刷卡单据等凭证。

四不要随意提供个人身份证件复印件，办理各类业务时，应在复印件上注明使用用途，以防身份证复印件被挪作他用。

五不要委托不熟悉的人或中介代办业务，尽量亲自办理金融业务，谨防个人信息被盗取。

六不要随意参加小调查、街头问卷、抽奖或免费赠送、非正规办卡等活动，不随意填写个人信息。

（二）使用手机软件"六做到"

一做到选择安全可靠的应用下载渠道，不安装来路不明的软件，不轻易接收安装来自微信、QQ 等社交媒体的软件，不轻易点击短信中的链接，尽量使用常用的知名软件。

二做到下载安装软件或在第三方办理业务时，留意相关授权权限，仔细阅读相关协议和合同条款，审慎填写个人信息，避免重要信息被过度收集或非法使用。

三做到在手机软件安装过程中不轻易授权软件读取自己的敏感信息，如通讯录、相册、摄像头、录音、好友名录、地理位置等信息。

四做到卸载手机软件时，要注意注销自己的用户信息，清理相关个人信息数据。

五做到及时关闭手机无线网络功能，在公共场所不要随便使用免费无线网。

六做到手机安装"全民反诈 APP"，该 APP 具备"诈骗预警、号码标注、身份验真、我要报案"等功能，可查阅各地公安机关破获的各类诈骗案件，也可学习相关防诈骗知识。

（三）谨防"钓鱼仿冒网站"

"钓鱼仿冒"是一种网络欺诈行为，是指不法分子利用各种手段仿冒真实网站，或利用真实网站服务器程序上的漏洞骗取用户银行卡或信用卡账号、密码等私人资料，以谋取私利。

❯ **小贴士**：老年人在日常使用电子产品时，注意使用安全软件保护鉴别，安装专业第三方安全软件工具，这些安全工具会在访问购物网站时提示真假，方便用户快速识别。当前比较普遍的安全软件有 360 安全卫士、金山卫士、百度卫士等。

第二节　规划财富"不乱投"

一、如何科学规划财富

（一）如何订立养老期的理财目标

在人生的每个阶段，其财务状况、获取收入的能力、财务需求及生活重心等各不相同，个人或家庭的理财观念和理财策略也不尽相同。

养老期是指从退休到安度晚年这段时期，通常指 60 岁以后。这段时期人生的主要目的是安度晚年，理财目标应该是身体健康第一，精神愉悦第二，财富保值增值第三。此阶段家庭支出的最大一部分是医疗支出，我们需要为自己准备一份医疗保

健基金，以此提高我们的健康保障。投资组合以固定收益为主，主要是为了满足养老生活的支出。此阶段家庭还有一个财务任务就是遗产规划和税务规划。

（二）如何配置养老期资产

一是稳。多数老年人的风险承受能力较低，建议投资理财配置中储蓄存款、货币市场基金、大额定期存单、3 年期国债占 50% 以上，银行理财产品、纯债基金占比为 30%~40%，股票类基金 60~70 岁老人最高占比为 20%，70~80 岁最高占比为 10%，80 岁以上不建议配置。

二是短。老年人在投资理财时要特别关注产品的流动性，即产品的可赎回期限。不建议老年人选取期限较长的产品，即便是时间长收益高的产品。

三是散。老年人在投资理财时应有意识地配置多种产品。例如，在风险一致的前提下，可以将货币市场基金（流动性强）、6 个月银行理财、1 年定期存款、3 年期国债（收益高）进行组合，既满足流动性需求，又可以有效提升实际收益。

（三）如何规划应急资金

家庭用来应对突然增加的意外开支的资金即为家庭应急资金。例如，家中突然有人生病需要用钱，或是遇到一些其他事突然需要用大量资金。家庭应急资金一般以留存 3~6 个月的家庭开销为宜，这些资金主要可以存一些比较灵活且风险较低的产品，如活期储蓄、货币基金等。

二、如何理性辨别科学投资

（一）老年人投资理财四大误区

误区一，跟风投资。有些老年人"投资理财看邻居"，别人炒股他炒股，别人买基金他买基金，别人买哪种理财他也买哪种理财。老年人在投资渠道上切莫跟风，投资要做到清醒、理性、不盲从，否则一辈子的积蓄可能会付之东流。

误区二，盲目投资。有些老年人面对市场上花样繁多的金融产品不知如何选择，容易被一些巧舌如簧的人员欺骗，在不了解产品的情况下盲目投资，造成资金损失。在购买金融产品时，一定要仔细了解产品背后的运作模式、风控措施等，不可盲目、被动。

误区三，贪利投资。近年来，社会上有些不法分子以"高额利息"为诱饵进行集资诈骗，不少老年人因贪图高利被骗而导致血本无归。集资诈骗通常虚构与其承诺回报相匹配的项目，缺乏实际业务支撑和盈利来源，极易发生卷款跑路、资金链断裂等风险。

误区四，借钱投资。有些老年人误将投资与赚钱直接对等起来，认为只要花钱投资就一定能挣到钱，催生借钱投资、杠杆炒股等高风险行为，一不小心就背上了沉重的债务负担，严重影响正常的家庭生活。老年人投资切记量力而行，从自身的经济实力出发，避免高于自身能力的风险投资行为。

（二）老年人投资理财四项提示

一是学习金融知识，增强风险识别能力。多参加正规金融机构等专门为老年人提供的线上线下金融消费者权益保护教育宣传活动，多学习金融知识，增强风险识别能力，提高警惕性。面对投资项目不听信、高息诱惑不盲信、熟人承诺不轻信。

二是科学理性投资，抵御诱惑不贪高利。树立理性投资理念，做好资金规划，如用于家庭日常开销或应对突发事件的钱不能拿来投资。购买理财前应到银行网点或登录手机银行自主进行风险测评，根据风险测评结果，购买等于或低于自身风险承受能力等级的理财产品。

三是选择正规机构，多与家人商量。购买投资理财产品应选择正规金融机构，可拨打金融机构官方客服电话或前往金融机构营业网点进行咨询办理。多途径进行信息核实、辨别真伪，不要盲目购买。多与家人商量，对投资活动的真伪、合法性进行必要的判断和了解，防范被不法分子诈骗侵害。

四是提高安全意识，防止个人信息外泄。在日常生活中，要增强个人信息安全意识，慎重签署合同，不在空白合同上签字。不随意提供身份证、银行卡号、密码、手机验证码等重要信息，以防个人信息被冒用、滥用或非法使用。对陌生号码、陌生链接、陌生账号提高警惕，做到不轻信、不透露、不转账。

第三节　理性维权别忘记

一、金融消费者八项权益

您知道吗？ 2015 年 11 月 13 日，国务院办公厅发布了《关于加强金融消费者权益保护工作的指导意见》，首次从国家层面对金融消费者权益保护进行具体规定，强调保障金融消费者八项权益，依法、合规开展经营活动。

（一）保障金融消费者财产安全权

金融机构应当依法保障金融消费者在购买金融产品和接受金融服务过程中的财产安全。金融机构应当审慎经营，采取严格的内控措施和科学的技术监控手段，严格区分机构自身资产与客户资产，不得挪用、占用客户资金。

（二）保障金融消费者知情权

金融机构应当以通俗易懂的语言，及时、真实、准确、全面地向金融消费者披露可能影响其决策的信息，充分提示风险，不得发布夸大产品收益、掩饰产品风险等欺诈信息，不得作虚假或引人误解的宣传。

（三）保障金融消费者自主选择权

金融机构应当在法律法规和监管规定允许范围内，充分尊重金融消费者意愿，由消费者自主选择、自行决定是否购买金融产品或接受金融服务，不得强买强卖，不得违背金融消费者意愿搭售产品和服务，不得附加其他不合理条件，不得采用引人误解的手段诱使金融消费者购买其他产品。

（四）保障金融消费者公平交易权

金融机构不得设置违反公平原则的交易条件，在格式合同中不得加重金融消费者责任、限制或者排除金融消费者合法权利，不得限制金融消费者寻求法律救济途径，不得减轻、免除本机构损害金融消费者合法权益应当承担的民事责任。

（五）保障金融消费者依法求偿权

金融机构应当切实履行金融消费者投诉处理主体责任，在机构内部建立多层级投诉处理机制，完善投诉处理程序，建立投诉办理情况查询系统，提高金融消费者投诉处理质量和效率，接受社会监督。

（六）保障金融消费者受教育权

金融机构应当进一步强化金融消费者教育，积极组织或参与金融知识普及活动，开展广泛、持续的日常性金融消费者教育，帮助金融消费者提高对金融产品和服务的认知能力及自我保护能力，提升金融消费者金融素养和诚实守信意识。

（七）保障金融消费者受尊重权

金融机构应当尊重金融消费者的人格尊严和民族风俗习惯，不得因金融消费者性别、年龄、种族、民族或国籍等不同进行歧视性差别对待。

（八）保障金融消费者信息安全权

金融机构应当采取有效措施加强对第三方合作机构的管理，明确双方权利义务关系，严格防控金融消费者信息泄露风险，保障金融消费者信息安全。

二、警惕非法"代理维权"

场景描述

这天，小京的爷爷和小京提到，邻居小融奶奶因信用卡逾期问题和银行发生了纠纷，这时有人找到小融的奶奶说可以代为向银行交涉，帮助其免除还款义务。小京一听，赶快跟爷爷说："您赶快告诉小融的奶奶，不能相信这个人，这是非法的'代理维权'。"

（一）什么是非法"代理维权"①

近年来，一些非法组织或个人打着为消费者维权的旗号，推出"代理投诉""代理退保""代理处置信用卡债务"等所谓的"代理维权"服务诱骗消费者，牟取非法利益，损害消费者合法权益。

（二）非法"代理维权"的套路

非法"代理维权"一般分为以下四步（见图5-1）：

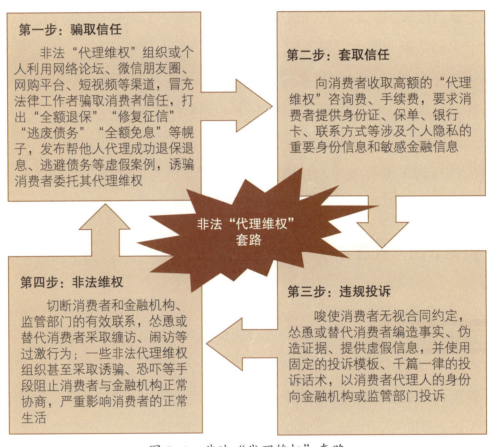

图 5-1　非法"代理维权"套路

---

① 中国银行保险报．警惕非法"代理维权"等骗局．（2022-03-21）．[2022-07-14]．http://www.cbimc.cn/content/2022-03/21/content_458567.html.

（三）非法"代理维权"四大风险

不当维权可能面临纠纷解决遭阻碍、信息泄露隐患多、经济负担更沉重、征信污点影响大四大风险（见图5-2）。

<table>
<tr><td rowspan="4">非法"代理维权"四大风险</td><td>风险一：
纠纷解决遭阻碍</td><td>"代理维权"的组织和个人一般不具备法律执业资格，对法律条文引用经常有明显错误；其通过编造或歪曲事实进行恶意投诉，违背诚信甚至突破法律底线，不仅侵占消费者正当的维权渠道和资源，阻碍消费纠纷正常解决，还扰乱了金融市场正常秩序，甚至涉嫌违法犯罪</td></tr>
<tr><td>风险二：
信息泄露隐患多</td><td>"代理维权"的组织和个人一般会要求消费者提供身份/通信信息、家庭住址、金融账户等敏感信息，给消费者造成个人信息泄露及被非法利用的风险；有些团伙甚至擅自、恶意使用消费者个人信息办理小额贷款、申请信用卡等；如果消费者想终止代理协议，还可能遭到骚扰、恐吓</td></tr>
<tr><td>风险三：
经济负担更沉重</td><td>"代理维权"的组织和个人除收取高额的咨询费、手续费外，还可能通过掌握消费者的银行卡账户，截留侵占资金；同时，非法代理退保会使消费者处于退保后无保险保障的状况，非法代理信用卡维权则一般采取拖延偿还信用卡欠款的方式进行，导致消费者承担逾期滞纳金及罚息等</td></tr>
<tr><td>风险四：
征信污点影响大</td><td>贷款、信用卡使用记录等均已纳入征信范围，如果消费者轻信"代理维权"组织和个人的教唆，采取暂停或拒绝还款等行为，很可能因逾期产生不良信用记录，导致个人信用受损，对后续申请银行贷款、买房、买车甚至就业等产生不利影响</td></tr>
</table>

图 5-2　非法"代理维权"四大风险

（四）依法维护自身权益

非法"代理维权"不仅严重损害消费者自身权益，而且扰乱正规的市场秩序。请广大消费者擦亮慧眼，警惕非法"代理维权"陷阱，依法理性维护自身权益（见图5-3）。

广大消费者应根据实际需求，结合自身经济情况和风险承受能力，选择适当的金融产品或服务，勿受"退旧保新""高收益"等说辞诱导。例如，购买保险产品要符合自身风险保障需求和经济能力，使用信用卡或贷款类产品应考虑借贷成本和还款能力，投资理财产品时应符合自身风险偏好和风险承受能力

非法代理维权组织或个人以"代理维权"之名，捏造事实、违背合同约定，不仅扰乱正常金融秩序，甚至涉嫌寻衅滋事和敲诈勒索；消费者应珍惜个人信用，参与非法"代理维权"可能面临法律风险，不轻信虚假承诺，拒绝参与违背合同约定、提供虚假信息、编造事实的恶意投诉

选择适当的金融产品或服务

拒绝非法"代理维权"行为

依法维权

依法理性维护自身权益

防止个人信息外泄

消费者在购买金融机构产品或享受服务过程中发生纠纷的，可以直接向金融机构投诉，主张民事权益；若消费者未能与金融机构通过协商解决纠纷，可以向行业调解组织申请调解。通过投诉、调解仍不能解决民事纠纷的，消费者可以根据合同约定，提请仲裁机构仲裁或向人民法院提起诉讼

增强个人信息安全意识，保护好个人金融信息和家庭信息，避免出现信息外泄、信息盗用等风险，给自身信息安全埋下隐患；如发现合法权益受到不法行为侵害，应及时向公安机关报案

图 5-3　依法维护自身权益

三、理性维权途径有哪些

如果消费者与金融机构发生纠纷，可通过理性维权三步走，保护自身的合法权益（见图 5-4）。

第一步，投诉。消费者在购买金融机构产品或享受服务过程中发生纠纷的，可以直接向金融机构进行投诉，主张民事权益。

第二步，调解。如果消费者未能与金融机构通过协商解决纠纷，可以向行业调解组织申请调解。

第三步，仲裁或诉讼。消费者如通过投诉、调解仍不能解决民事纠纷的，如果合同约定了相关仲裁条款，可以提请仲裁机构仲裁，或直接依法向人民法院提起诉讼。

同时，消费者在平时也应养成保留金钱往来凭证的好习惯，保留办理业务中形成的相关资料，如合同、发票等；保留双方信息、转账记录、银行流水及其他凭证等，在维权时提供有力证据，提高维权效率。

投诉	消费者在购买金融机构产品或享受服务过程中发生纠纷的，可以直接向金融机构进行投诉，主张民事权益
调解	如果消费者未能与金融机构通过协商解决纠纷的，可以向行业调解组织申请调解
仲裁或诉讼	消费者如通过投诉、调解仍不能解决民事纠纷的，如果合同约定了相关仲裁条款，可以提请仲裁机构仲裁，或直接依法向人民法院提起诉讼

图 5-4　理性维权途径

第四节　北京地区保护老年金融消费者的特色做法

一、暖心"消保守护"，做好老年消费者教育宣传

老年人专属"消保守护"微信小程序由北京银保监局指导，北京市银行业协会、北京保险行业协会联合制作，于 2021 年由北京在全国率先推出，用老年人看得懂、听得进、用得上的方式普及金融知识。

在"消保守护"小程序里，消费者可观看"防风险护权益""银行智能服务教程""保险智能服务教程""银行保险机构联系方式""行业调解组织联系方式"等板块内容。

"防风险护权益"板块展示了由北京银保监局指导，北京市银行业协会、北京保险行业协会专门制作的宣传教育视频，提醒老年人警惕"投资养老""以房养老"金融诈骗等。

"银行智能服务教程"和"保险智能服务教程"板块拥有多条智能应用教学视频，指导老年人学会大字版切换、注册、登录、查询、人工服务等基础操作。

"银行保险机构联系方式"和"行业调解组织联系方式"板块不仅列出了各类持牌机构的官方联系方

防风险护权益 ▶

银行智能　　　　保险智能
服务教程 ▶　　　服务教程 ▶

银行保险机构　　行业调解组织
联系方式 ▶　　　联系方式 ▶

式，还提供"模糊查询"和"一键拨打"等功能。

有了老年人专属"消保守护"小程序的助力，北京辖区银行保险等金融机构将会更加全面高效提升老年人金融服务质效，帮助老年人适应金融智能化趋势。

二、设立老年专线，拓展老年消费者延伸服务

为响应国务院办公厅印发的《关于切实解决老年人运用智能技术困难的实施方案》，进一步提升北京地区老年人金融服务深度、广度和温度，落实便捷延伸服务，在中国银保监会及北京银保监局的指导下，北京地区多家银行保险业金融机构为老年客户群体上线老年专线，老年客户拨打客服电话时实现专线自动识别老年人身份功能，为其直接接通人工服务，快速响应老年客户群体的需求。

三、推出普惠保障，强化"北京普惠健康保"功能

2021 年 7 月 26 日，北京医保参保人专属的"北京普惠健康保"正式发布。"北京普惠健康保"作为紧密衔接北京基本医疗保险的一款普惠性商业健康医疗保险，旨在减轻人民群众高额医疗费用负担，满足人民群众多层次多样化的医疗保障需求。

（一）"北京普惠健康保"是什么

"北京普惠健康保"是根据北京市医疗和生活水平，专为北京定制、紧密衔接社会医疗保险的产品。该保险以普惠价格为北京市基本医疗保险参保人员提供百万

级保险保障和便民化健康服务，满足了北京市民的多层次医疗保障需求。

（二）"北京普惠健康保"是政府项目吗

"北京普惠健康保"是由北京市医疗保障局和北京市地方金融监督管理局共同指导、中国银行保险监督管理委员会北京监管局负责监督、五家保险公司共同设计开发的一款健康保险产品。

（三）"北京普惠健康保"的保障计划有哪些

"北京普惠健康保"保障计划如表 5-1 所示。

表5-1　"北京普惠健康保"保障计划

责任分类	名称	保障标准
医保内责任（自付一＋自付二）	责任限额	100 万元 / 年
	免赔额	北京市当年大病医疗保险起付标准（以 2022 年为例：北京市 2022 年大病医疗保险起付标准 3.04 万元）
	给付比例	扣除免赔额及大病保险报销的部分 健康人群：80% 特定既往症人群：40%
	医疗费用范围	普通部住院＋门诊医疗费用，与大病医疗报销范围无缝衔接
医保外责任（自费）	责任限额	100 万元 / 年
	免赔额	健康人群：1.5 万元 特定既往症人群：2 万元
	给付比例	健康人群：70% 特定既往症人群：35%
	医疗费用范围	普通部住院医疗费用
特药责任	责任限额	国内特药 50 万元 / 年 国外特药 50 万元 / 年，共 100 万元 / 年
	免赔额	国内与国外的特药健康、特定既往症人群共享免赔额 1 万元
	给付比例	健康人群：60% 特定既往症人群：30%
	特药清单	国内 34 种，国外 75 种，共 109 种
增值服务		包括 5 次复查陪诊或上门护理服务

资料来源：北京普惠健康保共保体产品升级公告，2022 年 8 月。

（四）哪些人可以参保[①]

北京市医疗保险在保状态的参保人员，主要包括城镇职工医疗保险参保人员、城乡居民医疗保险参保人员、征地超转人员、医疗照顾人员、离休人员、军休人员、新市民等。

具体投保情况如下：

（1）投保年龄：不受限制；

（2）健康状况：免体检，既往症可承保可赔付；

（3）等待期：无等待期；

（4）保险期间：一年；

（5）保险费：195 元 / 人 / 年。

 保险小课堂

● 如何查看产品的介绍，怎样购买这款产品 ●

您可微信搜索"北京普惠健康保"公众号，通过公众号中"保单信息—保障介绍"或投保页面了解本产品。

投保入口为"北京普惠健康保"微信公众号→参保入口→个人参保，可以为本人及家人购买本产品。保费可通过微信支付。

（注：个人投保渠道每年特定时间段开通，届时"北京普惠健康保"微信公众号将发布公示，请您持续关注。）

四、轻松便捷投诉，守好老年消费者合法权益

为进一步保护老年人金融合法权益，提升金融服务的深度、广度、温度，北京

[①] 资料来源于 2021 年北京普惠健康保产品说明书，具体投保规则以当年"北京普惠健康保"微信公众号公布规则为准。

银保监局指导辖内银行保险机构切实提升老年客户维权效率、拓宽维权渠道，提升老年人金融服务质效。

有诉必应，及时处理。金融消费者与银行保险等机构发生金融消费争议的，鼓励金融消费者先向相关机构投诉，鼓励当事人平等协商、自行和解（见图5-5）。

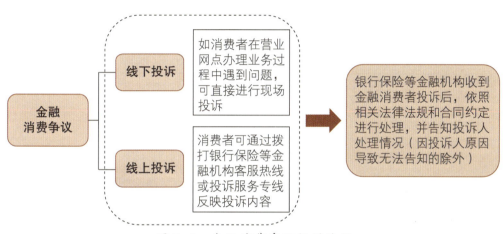

图 5-5 金融消费争议投诉途径

维权热线，守护权益。"12378"银行保险消费者投诉维权热线是中国银保监会建立的统一维权服务专线，主要职责是接受银行保险消费者维权投诉，以及对银行保险机构及其从业人员、其他单位和个人的银行保险违法违规行为的举报，妥善解决消费者反映强烈的热点、难点和焦点问题。

明确流程，快速响应。2020年，中国银保监会发布的《银行业保险业消费投诉处理管理办法》对投诉处理程序进行了明确（见图5-6）。

图 5-6 消费投诉处理程序

五、健全调解组织，提升老年消费者维权效率

为进一步规范和引导银行保险业金融机构提供金融产品和服务的行为，构建公平、公正的市场环境，加强金融消费者权益保护工作，北京地区的两大行业调解组织（北京秉正银行业消费者权益保护促进中心和北京保险行业协会保险合同纠纷调解委员会）成为提升老年人维权效率的重要渠道。

北京秉正银行业消费者权益保护促进中心是在中国银保监会指导下，由北京银监局指导北京市银行业协会发起成立的银行业调解组织（见图5-7）。如消费者需要联系中心，可拨打电话010-88689969。

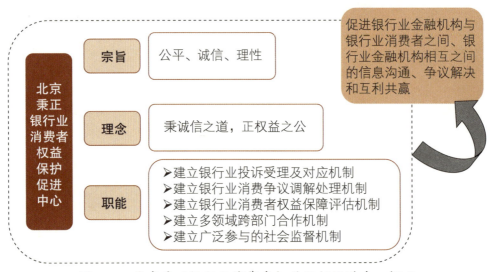

图 5-7　北京秉正银行业消费者权益保护促进中心概况

北京保险行业协会保险合同纠纷调解委员会是在北京保监局和政府有关部门的指导及全体会员公司的大力支持下，为努力探索建立和完善保险合同纠纷调解机制而成立的保险行业调解组织（见图5-8）。如果消费者需要联系协会，可拨打电话010-95001303。

北京保险行业协会保险合同纠纷调解委员会

工作 关键词	职能
指导 规范 自律 培训 宣传	➤节约司法诉讼资源，协调缓和各类社会矛盾 ➤避免矛盾激化，维护合法权益：20个工作日的调解时限，相对于其他纠纷的解决方式，处理时限大大缩短，维护了保险消费者的合法权益 ➤平等交流，消除分歧：调解机制以相对中立的立场，在保险公司与消费者之间搭建平等交流的平台，在发生纠纷时提供一个缓冲地带 ➤降低成本，保护权益：调解机制对保险消费者不收取任何费用，将消费者维权成本降至最低

图 5-8　北京保险行业协会保险合同纠纷调解委员会概况

防风险 护权益

大爷的理财人生

退保骗局，警惕再警惕

第六章 清廉金融家风传承

习近平总书记指出，"家庭是社会的基本细胞，是人生的第一所学校"。2021年6月，中共中央宣传部、中央文明办、中共中央纪委机关等多部门联合印发了《关于进一步加强家庭家教家风建设的实施意见》，明确指出要贯彻习近平总书记关于注重家庭家教家风建设的重要论述，充分发挥家庭家教家风建设在培养时代新人、弘扬优良家风、加强基层社会治理中的重要作用。2022年6月，中国银保监会党委、驻会纪检监察组联合印发了《关于深入推进银保监会系统清廉金融文化建设的指导意见（试行）》，对推动清廉家风建设，把廉洁教育融入党员、干部家庭日常生活，把清廉金融文化建设与家庭家教家风建设有机贯通作出部署要求。

北京银保监局全面贯彻各项文件要求，构建形成监管部门引领推动、金融机构主动作为、社团组织持续发力、高校智库研究联动的清廉金融文化建设格局，为党的二十大胜利召开营造风清气正的政治环境。

第一节 做诚信守法的金融消费者

一、敬廉崇洁守诚信，以身作则我做起

习近平总书记强调，要积极看待老年人和老年生活，老年是人的生命的重要阶段，是仍然可以有作为、有进步、有快乐的重要人生阶段。要为老年人发挥作用创造条件，引导老年人保持老骥伏枥、老当益壮的健康心态和进取精神，发挥正能量，作出新

贡献。老年人作为一家之长、家风的树立者，首先要以身作则，从自身做起，奉行"君子爱财，取之有道"，自觉抵制各种诱惑，对自己负责、对家庭负责、对国家负责，做诚信守法的金融消费者，不参与、不从事违法金融活动。

二、养老诈骗害人深，切记远离莫参与

案例与提示

2022 年 3 月 8 日，64 岁的老人王先生报案称，2018 年至今，柴某以可以帮助其冒用某公司已故退休人员的身份每月领取退休金为由，声称办理退休金手续需要跑关系、请吃饭，先后向其骗取 39 万多元。经查，2018 年 7 月 17 日，

柴某主动加了受骗人王先生的微信，并谎称自己朋友"罗某"在人力资源局上班，可以帮忙办理退休金。2019 年 10 月 27 日，"罗某"（实际为柴某的另一个微信号）主动加了王先生的微信并告知其正在为他办理退休金。在此期间，"罗某"以各种理由向王先生索要钱财高达 39 万余元，且至今未能办理下退休金。

这是一起典型的养老诈骗案件。检察机关认为柴某涉嫌诈骗数额较大，且事关老年人切身利益，立即决定对该案启动立案监督程序，与公安机关召开联席会及时立案并同步介入。最终，司法机关认为犯罪嫌疑人柴某以诈骗为业，涉及被害人人数众多，案情复杂且数额巨大，依法对其批准逮捕。

第二节　做良好家风的传承者

一、传承弘扬廉氛围，传好家风接力棒

家风是一家或一族世代相传的道德准则和处世方法。家庭是社会的细胞，是人生启蒙教育的基地。习近平指出，要发挥老年人优良品行在家庭教育中的潜移默化作用和对社会成员的言传身教作用，发挥老年人对年轻人的"传帮带"作用。老年人作为家风的传承者，要树立"以德治家、以廉养家"的正确亲情观，弘扬"廉洁修身、廉洁齐家"的家风家教，教育子女管好生活圈和社交圈，远离不正之风和低级趣味，切莫在推杯换盏间放松警惕、在小恩小惠前丢失原则，充分发挥家庭的熏陶和监督作用，当好家庭"守护神"，推进社会主义核心价值观在家庭落地生根，形成家庭清廉合力。

二、家风不正遗祸患，清廉传家惠久远

案例与提示

　　古人云"爱之不以道，适所以害之"，家庭是人生的第一个课堂，父母是孩子的第一任老师，而家风不正，难免会殃及子孙、贻害社会。2016 年，张某因旧房拆迁拿到了一笔拆迁安置补偿款，为了帮助在银行工作的儿子小张完成业绩，张某将款项转至小张所在银行的个人账户中。为实现"钱生钱"，张某提出，由小张在银行寻找需要钱又靠得住的客户，将钱借给客户，所赚利息分给小张一半作为"零花钱"。平日里就大手大脚的小张一听可以赚"零花钱"，又考虑到是自家的钱生利息，毫不犹豫就答应了。

　　小张开始多方收集客户信息，筛选"优质客户"。他了解到客户徐某长期从事二手车经营与房屋租赁业务，有比较大的短期资金需求，且作为银行老客户，个人信用方面无不良记录，信用风险较低。遂主动联系徐某，向徐某表示有渠道可以借款给他。2018年7月至2019年9月，小张与徐某共发生往来交易80余笔，累计交易金额3000余万元，获取利息80余万元。2019年，银行在开展反洗钱管理和履职状况专项审计中，发现小张参与民间借贷，将个人及家族资金借予本行客户徐某使用后，与小张解除劳动合同，并全额减发其薪酬风险金账户余额。

　　张某贪图眼前利益，鼓动小张利用银行工作人员身份参与民间融资，断送了儿子在金融行业的职业生涯。家教不严、家风不正，殃及家人、贻害家庭，令人警醒、发人深思。

附　录

一、主要银行保险机构客服专线

（一）主要银行机构客服专线

中国工商银行	95588 4006695588（信用卡）
中国农业银行	95599 4006695599（信用卡）
中国银行	95566 4006695566（信用卡）
中国建设银行	95533 4008200588（信用卡）
交通银行	95559 4008009888（信用卡）
中国邮政储蓄银行	95580 4008895580（信用卡）
招商银行	95555 4008205555（信用卡）
中国光大银行	95595 4007888888（信用卡）
中国民生银行	95568 4006695568（信用卡）
中信银行	95558 4008895558（信用卡）
广发银行	95508 4008308003（信用卡）
上海浦东发展银行	95528 4008208788（信用卡）
平安银行	95511
兴业银行	95561 4008895561（信用卡）
华夏银行	95577 4007795577（信用卡）
渤海银行	95541 4008895541（信用卡）
恒丰银行	95395

浙商银行	95527
北京银行	95526 4006601169（信用卡）
宁波银行	95574 4000095574（信用卡）
江苏银行	95319 4008696098
上海银行	95594
南京银行	95302
天津银行	956056
厦门国际银行	4001623623
杭州银行	0571-95398 4008888508
大连银行	4006640099
锦州银行	4006696178
徽商银行	4008896588
盛京银行	95337 4006996666 4000095337
昆仑银行	95379
北京农商银行	96198
渣打银行	4008888083 8008208088（个人） 4008888293（投诉） 4008206663（信用卡）
花旗银行	4008211880 8008301880
汇丰银行	95366 4008203090
星展银行	4008208988（个人） 4008218881（企业）
东亚银行	95382
恒生银行	4008308008（内地）
南洋商业银行	4008207898
韩亚银行	4008851111
友利银行	4006789001 8008102186

续表

新韩银行	4006688600
大华银行	4001666388（境内）
富邦华一银行	021-962811
德意志银行	4006508899

（二）主要保险机构客服专线

人保财险	95518
太平洋财险	95500
中国平安财险	95511
华泰财险	4006095509
太平财险	95589
中华财险	95585
永安财险	95502
天安财险	95505
大地财险	95590
华安财险	95556
永诚财险	95552
都邦财险	95586
阳光财险	95510
安华农险	95540
渤海财险	4006116666
亚太财险	95506
国寿财险	95519 4008695519
安诚财险	95544
中银保险	95566 4006995566
华农财险	4000100000

长安责任	95592
国任财险	956030 4008667788
中国人寿	95519
中国太保寿险	95500
平安人寿	95511
新华人寿	95567
泰康人寿	95522
太平人寿	95589
民生人寿	95596
富德生命人寿	95535
光大永明人寿	95348
合众人寿	95515
人保寿险	95518 转寿险
长城人寿	95576
人保健康	95591 4006695518
农银人寿	95581 4007795581
英大人寿	4000188688
阳光人寿	95510
信泰人寿	95509
华夏人寿	95530
君康人寿	956016
国华人寿	95549
幸福人寿	95560 4006688688
昆仑健康	4008118899
太平养老	95589
平安养老	95511
泰康养老	4006695522
中邮人寿	4008909999

续表

安盛天平财险	95550
现代财险	4006080808
中意财险	4006002700
利宝保险	4008882008
美亚财险	4008208858
苏黎世财险	4006155156
三星财险	4009333000
三井住友	4008832836
瑞再企商	4008205918
友邦人寿	4008203588
中信保诚人寿	4008838838
大都会人寿	4008188168
中宏人寿	95383
中英人寿	95545
中意人寿	4008889888
同方全球人寿	956095
工银安盛人寿	95359
华泰人寿	95509
中银三星人寿	4000095566
中荷人寿	4008161688
恒安标准	4008188699
瑞泰人寿	4008109339

二、如何查询理财产品及销售人员资质

（一）理财产品信息查询

消费者如需查询银行机构所销售的理财产品信息，可通过

中国银保监会指定的全国银行业理财产品信息查询网站"中国理财网（https：//www.chinawealth.com.cn/）"进行查询。

（二）销售人员资质查询

根据相关规定，理财产品销售人员应当至少具备下列条件：

（1）具有完全民事行为能力；

（2）具有高中以上文化程度；

（3）从事金融工作1年以上；

（4）具备良好的诚信记录及职业操守；

（5）熟悉理财业务活动及理财产品销售相关的法律法规；

（6）中国银保监会规定的其他条件。

未经理财产品销售机构进行上岗资格认定并签订劳动合同，任何人员不得从事理财产品销售业务活动，中国银保监会另有规定的除外。

如需查询银行等金融机构理财销售人员的资质证明情况，可前往银行营业网点理财经理信息公示区域进行查询。

三、生活常用电话合集

（一）紧急求助

公安报警电话	110
公安短信报警	12110
消防救援电话	119
医疗救护电话	120
交通事故报警电话	122
外交部领事保护热线	0086-10-12308

（二）生活必备

号码查询、就医挂号	114
天气预报	12121
报时台	12117
人力资源及社保等查询	12333

（三）政务咨询

政务服务便民热线	12345
法律援助中心咨询热线	12348

（四）移动通信

中国移动服务电话	10086
中国联通服务电话	10010
中国电信服务电话	10000
中国铁通服务电话	10050

（五）便民热线

城市管理热线	12319
全国铁路客服电话	12306
全国通用免费约车热线	95128
北京市住房公积金管理中心客户服务电话	96155
北京供电热线	95598
北京热力集团客服电话	96069

续表

北京自来水集团客户服务中心热线	96116
北京燃气集团报修服务热线	96777
歌华有线应急抢修电话	96196
路灯应急抢修电话	67601234
市政工程管理处应急抢修电话	88465055

（六）投诉维权

银行保险消费者投诉维权热线	12378
职工维权热线	12351
妇女维权公益服务热线	12338
反诈热线	96110
全国扫黑办智能化举报平台	12337
全国"扫黄打非"举报咨询电话	12390
全国纪检监察机关举报电话	12388
网络不良与垃圾信息举报电话	12321
北京秉正银行业消费者权益保护促进中心电话	010-88689969
北京保险行业协会保险合同纠纷调解委员会电话	010-95001303
青少年心理咨询和法律援助热线电话	12355
公安机关和民警违纪违法举报电话	12389
全国检察服务电话	12309
安全生产举报投诉特服电话	12350
全国能源监管投诉举报热线	12398
消费者投诉举报电话	12315

续表

质量监督投诉电话	12365
价格监督举报电话	12358
公共卫生服务热线 / 监督电话	12320
环境保护举报热线	12369
城建服务热线	12319
国家旅游服务热线	12301
纳税服务热线	12366

（七）网购客服

淘宝消费者服务热线	0571-88158198
蚂蚁金服	95188
京东商城	400-606-5500
当当网	400-106-6666

（八）交通出行

中国国航	95583
南方航空	95539
东方航空	95530
海南航空	95339
去哪网	95117
携程网	400-820-6666
艺龙网	400-616-1616

（九）快递服务

申通快递	95543
顺丰快递	95338
中通快递	95311
韵达快递	95546
EMS 特快专递	11183
圆通快递	95554
百世快递	95320

由北京银保监局指导，北京市银行业协会、北京保险行业协会联合制作的"消保守护"小程序，有适合老年人的超大字体、通俗易懂的操作指南、干货满满的金融知识，赶快扫一扫如下二维码，开始学习吧！

"消保守护"小程序